DAVID YONGGI CHO

MI**COMPAÑERO**
EL**ESPÍRITU**SANTO

DAVID YONGGI CHO　MI**COMPAÑERO**
EL**ESPÍRITU**SANTO

Conozca mejor
al **Espíritu Santo**
y sus dones

La misión de Editorial Vida es ser la compañía líder en comunicación cristiana que satisfaga las necesidades de las personas, con recursos cuyo contenido glorifique a Jesucristo y promueva principios bíblicos.

MI COMPAÑERO EL ESPÍRITU SANTO
Edición en español publicada por
Editorial Vida – 1992
Miami, Florida
©1992 por Editorial Vida

Originally published in the USA under the title:
The Holy Spirit My Senior Partner
Copyright © 1970 David Yonggi Cho
por Creation House

Traducción: *Andrés Carrodeguas*
Edición: *Editorial Vida*
Diseño interior: *Cathy Spee*
Diseño cubierta: *Creatos Studio*

ISBN: 978-0-8297-0334-4

CATEGORÍA: Teolgogía cristiana/ General

IMPRESO EN ESTADOS UNIDOS DE AMÉRICA
PRINTED IN THE UNITED STATES OF AMERICA

HB 01.18.2024

CONTENIDO

PREFACIO

Al atribuirle el sentido de «compañero» al Espíritu Santo, pensamos en él como alguien que está siempre a nuestro lado, acompañándonos en los momentos de gozo y en los momentos de tristeza. Jesús lo llamó «Consolador». Un título que indica una misericordia sin límites. La palabra tiene sus raíces en dos vocablos griegos que significan «junto a uno» y «llamar». Etimológicamente, esta palabra se originó en los tribunales de justicia. Cuando el acusador presionaba fuertemente a un acusado, y este no sabía cómo defenderse, miraba a su alrededor con la esperanza de hallar alguien que le ayudara. Si veía el rostro familiar de un amigo influyente, lo llamaba, de manera que el amigo se abría paso entre la multitud hasta situarse junto a él. Desde aquel momento, permanecía de pie con él y le ayudaba a ganar el pleito.

Al decir que el Espíritu Santo es nuestro «compañero», no estamos negando que él es nuestro maestro, nuestro guía, nuestro director, nuestro jefe. Meramente enfatizamos la total intimidad que podemos tener con él en todo momento: es el «compañero» que nos acompaña en todo momento.

Es nuestro deseo que *Mi compañero el Espíritu Santo,* contribuya a que usted conozca mejor a la Persona de la Trinidad que le aconseja, ruega, suplica, exhorta y fortalece. ¡Él quiere ser su «compañero», siempre!

Los Editores

Introducción

El divino agente ejecutivo de Dios en el mundo de hoy es el Espíritu Santo. Él continúa la obra que comenzó Jesucristo. Se está moviendo entre creyentes e incrédulos de todo el mundo; en los hogares, las iglesias y las cárceles, y en países donde por siglos se ha combatido el evangelio. Está obrando en respuesta a las súplicas de los hijos de Dios en todas partes. Su obra es poderosa y continúa firmemente en la vida de los creyentes que van buscando su ayuda. Los cristianos que van desarrollado una vida estable y floreciente de oración, y que tienen comunión con el Espíritu, son los que conocen mejor a Jesucristo.

Nunca se puede desestimar al Espíritu Santo. Siempre tiene el control de las situaciones que se le hayan dado en oración. En un abrir y cerrar de ojos ha intervenido para desviar catástrofes, para revelar las decisiones correctas que han de tomarse, para ayudar a los cristianos a través de las más críticas circunstancias. Ha puesto sobre aviso a los creyentes, aun cuando estén separados por miles de kilómetros, para que oren o estén dispuestos a colaborar con él si es necesario. Les ha pedido a otros que oren semanas antes de que surgiera una necesidad. Los ejecutivos más ocupados del mundo pagarían cualquier precio por tener un jefe como él.

Comencé a pastorear cuando todavía estaba asistiendo a un pequeño seminario bíblico de las Asambleas de Dios en Seúl.

Como consecuencia del conflicto coreano, la desesperación del pueblo era tan evidente que comprendí que quienes deseaban ministrarle necesitaban una capacidad sobrenatural para sobreponerse a los problemas, la enfermedad y la pobreza.

Oré pidiendo una experiencia con el Espíritu Santo, acerca de quien yo había estudiado y aprendido. Le pedí al Espíritu Santo que viniera y me llenara de su poder, su ministerio y su mensaje para un mundo enfermo y sufriente. Me daba cuenta de que por mis propios recursos nunca podría hallar sermones lo bastante edificantes y alentadores que predicar a menos que viviera por encima de mis propios problemas. Así que diariamente oraba por la llenura del Espíritu Santo. Otros estudiantes también estaban orando por ese bautismo del Espíritu Santo. Oramos por días, y cuando algunos compañeros recibieron esa experiencia, observé que su vida adoptó una nueva dimensión. Todavía eran pobres, pero en la pobreza estaban llenos de gozo y paz con una inexplicable confianza en que Dios iba a ayudarlos. Los problemas no perturbaban su paz. A medida que observaba la transformación de su vida, yo reconocía que tenía que seguir orando hasta que recibiera también esa experiencia.

Y entonces ocurrió. Una noche, mientras estaba pidiéndole al Señor la llenura del Espíritu Santo, sentí acercarse su presencia. Fue una experiencia maravillosa. Yo estaba adorando y alabando a Jesucristo, diciéndole en forma audible una y otra vez cuán maravilloso era conocerlo y cuánto lo amaba. Aunque yo no podía ver a nadie, parecía como si el Espíritu Santo estuviera de pie delante de mí, dispuesto a derramar una bendición sobre mi vida.

Mientras adoraba, sentí que un cálido ardor tocó mi rostro, luego mi lengua, el cuerpo, y sin darme cuenta comencé a decir nuevas palabras que venían a mi mente y a mi lengua al mismo tiempo. Cuanto más hablaba, tanto más me sentía inclinado a expresar las palabras que venían tan rápidamente. No sé cuánto tiempo permanecí en aquella habitación, y eso no importaba. Mi corazón estaba rebosando de alabanza y adoración a Jesucristo en un nuevo idioma. Yo estaba inundado de gozo y de una conciencia de un nuevo poder con Dios que nunca antes había conocido.

Esa fue mi experiencia inicial cuando fui bautizado con el Espíritu Santo. Cada día después de eso sentía que estaba viviendo en la presencia misma de Jesucristo. Cada vez que oraba, el Espíritu Santo acudía para ayudarme a orar, tomando mi idioma coreano y sustituyéndolo por una lengua celestial que yo no había aprendido. Sabía que mi espíritu había llegado a ser uno con él, y podía orar por toda una hora o más con mayor facilidad.

Después de graduarme del seminario bíblico, sentía que debía iniciar una iglesia. El Espíritu Santo me indicó dónde y cómo comenzar, y reconocí su ayuda en esas decisiones. Compré una tienda de campaña usada del ejército y la armé en un barrio pobre entre las familias necesitadas.

No todo salió perfectamente a partir de ese día y hasta esta fecha, pero comencé a aprender lo interesado que estaba el Espíritu Santo en ayudarme a desarrollar el ministerio que él mismo me había dado. Por más maravillosas que hayan sido nuestras experiencias con el Señor, todavía estamos en la carne. Siempre y cuando busquemos el consejo del Señor, lo recibiremos. Pero es demasiado fácil evaluar una situación y pensar que uno mismo la puede resolver, y que por lo tanto no se debe molestar al Señor en oración ni pedirle al Espíritu Santo que nos ayude.

Sin comprender plenamente lo que yo había hecho, formulé mis propios planes para la nueva iglesia en mi tienda de campaña. Quería que el programa fuera impresionante y que asistieran muchas personas, pero luchaba por preparar los sermones. Como no me salían muy bien, reuní todos los sermones de Billy Graham y de Oral Roberts que pude encontrar y los prediqué. El problema fue que pronto se me agotaron los sermones y estuve en el mismo punto donde había comenzado. A veces me desanimaba y quería abandonarlo todo. En ese momento de mi inexperto ministerio, me volví a la oración y le pedí al Espíritu Santo que me ayudara.

No siempre es fácil dejar que el Espíritu Santo dirija la vida de uno. El yo es un obstáculo incluso al preparar un mensaje; uno puede escoger buenos versículos bíblicos y hacer un sermón, y dejar al Espíritu Santo totalmente fuera del proceso. ¡Cuántas veces tuve que confesar mi pecado de tratar de hacerlo todo yo mismo! Entonces lo invitaba a que viniera otra vez y me ayudara. Y cada vez el Espíritu Santo me ayudó. Algunas veces el mensaje era totalmente distinto de lo que había preparado. Él me daba sus pensamientos y los versículos bíblicos que quería que expusiera, porque él sabía quiénes estarían presentes en aquellas reuniones y conocía sus necesidades.

A menudo volvía a las Escrituras y leía que el Espíritu Santo vino para estar con nosotros para siempre (vea Juan 14:16); para recordarnos todo lo que él nos dijo en la Palabra (vea Juan 14:26); para dar testimonio acerca de Jesucristo (vea Juan 15:26); para guiarnos a toda verdad (vea Juan 16:13); para hacernos saber las cosas que vendrán (vea Juan 16:13); y para glorificar a Jesucristo en todo y mostrar esa gloria a los creyentes (vea Juan 16:14).

Un día el Espíritu Santo habló a mi corazón: «Si quieres que tu iglesia crezca, tienes que desarrollar un mayor compañerismo y comunión conmigo. No prediques acerca del Espíritu Santo solo como una experiencia. ¡Es una persona formidable! Predica sobre la persona. Desarrolla el compañerismo y la comunión al esperar en mi presencia. Yo quiero hablarte a ti también».

Después que me casé hubo una vez en que mi esposa se sintió muy desdichada. Yo había estado ocupado en reuniones evangelísticas durante la semana y volví a casa el sábado para descansar y prepararme para predicar en mi iglesia el domingo. Solía llevar a casa una maleta de ropa sucia y la volvía a llenar de ropa limpia para otra semana. Cada vez que mi esposa trataba de decirme algo o de hablarme sobre los acontecimientos de su vida esa semana, siempre yo pedía que me disculpara porque tenía que estudiar, o tenía que orar, o tenía que hacer alguna otra cosa. No dedicaba tiempo a sentarme con ella y conversar como hacía cuando éramos novios. «Después de todo —decía yo insensiblemente—, Dios me ha llamado a predicar, y estoy muy ocupado preparando sermones. Tú tienes un bebito que te haga compañía y un hogar del cual cuidar. ¿Qué más quieres?».

Un día mi suegra vino a visitarnos y dijo que deseaba hablar conmigo. En aquellos días siempre me asustaba cuando ella decía que quería hablar conmigo porque eso significaba que yo no estaba haciendo bien las cosas.

—¿Amas a tu esposa? —preguntó.

—¡Claro que sí! —respondí.

—Entonces debes pasar tiempo con ella. Ella no es una cosa. Es una persona. Es feliz cuando tú la reconoces y hablas con ella, y se siente rechazada cuando no lo haces.

Aquel día aprendí una gran lección sobre las relaciones amorosas. Comencé a demostrar mi amor por mi esposa de muchas maneras. Dediqué tiempo a conversar con ella acerca de nuestro hogar y nuestro bebito. Hicimos un plan para tomar todos los lunes de asueto, y ella prepararía el programa. La sonrisa volvió a su rostro. A la hora de cenar me presentó sus planes, íbamos a ir al parque nuestro primer lunes por la mañana y almorzaríamos fuera. Aquellos planes se desarrollaron tal como ella quería e hicimos las cosas que la hacían feliz. En un dos por tres hubo un cambio total en mi vida hogareña. Tuve otra vez a una esposa feliz y satisfecha, lo cual me hizo feliz cuando salí la semana siguiente para más reuniones evangelísticas.

Esa experiencia me enseñó una tremenda lección. Transformó mi conocimiento del Espíritu Santo. Él también necesita compañerismo. De otro modo, se aflige. En lugar de orar e irme de prisa a la iglesia, tomé tiempo para sentarme en su presencia y dejar que él me hablara. Como él me dió el ministerio que tengo, y como él deseó conducirme y guiarme en los modos de cumplir ese ministerio, yo anhelaba los momentos de conversar con él. Conversé con él como un amigo habla con un amigo, como un esposo habla con su esposa: hablando y escuchando y recordando.

A medida que pasaron las semanas, comprendí el ministerio del Espíritu Santo mejor que nunca. Es un amigo fiel que vino a hacer todo lo que la Palabra afirma que haría. Le pedí que fuera mi jefe en todo lo que tuviera que ver con mi vida y la obra de Dios.

Desde entonces, cada mañana digo: «Buenos días, Espíritu Santo. Trabajemos juntos hoy, y yo seré tu instrumento». Cada noche antes de irme a dormir, digo otra vez: «Ha sido un día maravilloso trabajando contigo, Espíritu Santo. Cúbrenos a mi familia y a mí con tu divina protección mientras descansamos durante la noche». A la mañana siguiente otra vez lo saludo como a una persona y lo invito a ir conmigo durante el día y a tomar el mando en todos los asuntos que deben resolverse, y él lo hace.

En el momento de preparar sermones, siempre él está presente.

Cuando estoy aconsejando, él esta dirigiendo mi consejo a cada persona. Cuando estoy tomando una decisión — ¿cuáles invitaciones a predicar debo aceptar?— él me guía. Él observa las necesidades y situaciones de cada región del mundo, y él sabe cuál región está preparada para las palabras que me ha indicado que predique. Cuando me dirijo al púlpito, digo: «Vamos, Espíritu Santo. ¡Te toca a ti!» Cuando termina la reunión, le digo: «Gracias, Jefe. Hiciste una gran obra en el corazón de las personas esta noche. Sigue obrando. Anima a esos pastores por medio de los nuevos convertidos que te encontraron esta noche». Y cuando él toma las riendas del culto, su presencia cambia todas las cosas.

¿Ha estado usted alguna vez en la cumbre de una montaña y ha observado cuán pequeño parece todo allá abajo? Cuando usted haya recibido la plenitud del Espíritu Santo, casi de inmediato notará que los problemas de la vida y sus necesidades personales también parecen insignificantes, porque las está mirando desde una perspectiva diferente. Las está viendo como las ve el Espíritu Santo, porque él tiene el dominio de la situación.

Confío en que, al leer este libro, usted encontrará al Espíritu Santo personalmente en sus páginas. Él quiere ser también el jefe de usted. Cuando desarrolle esa íntima comunión con él, él cambiará todas las cosas en su negocio, en sus relaciones familiares, en su toma de decisiones, en todos los aspectos de su vida.

Han pasado semanas y meses, y estoy terminando treinta años de ministerio. He visto muchos milagros de sanidad, intervenciones en las situaciones de la iglesia y respuestas extraordinarias a la oración. Dios ha levantado en nuestra iglesia a muchos líderes que han llegado a ser prominentes misioneros y pastores. Si yo fuera a evaluar lo que he aprendido desde mi conversión, diría que encontrar al Espíritu Santo y aprender a conocerlo de una manera íntima ha sido la mayor experiencia de mi vida. Mi jefe y yo aún tenemos una estrecha relación, y todavía tenemos comunión todos los días!

Paul Yonggi Cho
Pastor principal
Iglesia del Evangelio Completo de Yoido
Seúl, Corea

1
¿POR QUÉ LA COMUNIÓN CON EL ESPÍRITU SANTO?

En segunda Corintios 13:14, Pablo escribe una bendición dirigida a los creyentes de Corinto: «La gracia del Señor Jesucristo, el amor de Dios, y la comunión del Espíritu Santo sean con todos vosotros».

Esta bendición despierta en mí unos profundos sentimientos. Sin embargo, me doy cuenta de que no sucede igual con todas las personas. Las bendiciones que estas palabras pueden derramar sobre nosotros están desapareciendo actualmente de muchos corazones. Más adelante indicaré por qué digo esto, pero quisiera describir primero cuáles son esas bendiciones.

LA GRACIA DE CRISTO

El significado original de la palabra griega que traducimos gracia es «lo máximo en belleza». Los griegos disfrutaban de la búsqueda de la belleza por medio de la filosofía, los deportes, la poesía, el drama, la escultura y la arquitectura. Además, por supuesto, su tierra —montañas, ríos y costas— los rodeaba con su belleza. Cuando la belleza de algo producía gozo en quien lo veía o escuchaba, los griegos decían que estaba lleno de gracia. Este significado terminó ampliándose para incluir no solo la belleza de las cosas, sino también las obras, acciones y pensamientos bellos, la elocuencia y hasta la humanidad; a todos se los podría considerar como llenos de gracia.

La palabra *gracia* tenía un segundo significado como «favor», buena voluntad nacida de un amor desbordante e incondicional, sin esperar recompensa ni pago.

El tercer significado de la palabra *gracia* tenía que ver con una obra digna de elogio que manifestaba virtudes muy por encima de lo común.

En su bendición, el apóstol Pablo debe haber sentido que brotaba en él un gozo superior a toda descripción, conocedor del perdón incondicional de los pecados y de las numerosas bendiciones de la salvación, llena de belleza o de gracia.

EL AMOR DE DIOS

¿Cómo deberíamos aceptar la bendición: «el amor de Dios... [sea] con todos vosotros»? ¿Acaso nos hemos llegado a endurecer tanto, que podemos oír hablar del amor de Dios sin conmovernos, o sin sentir contrición en nuestro corazón? Casi todos los cristianos de hoy pueden citar Juan 3:16; sin embargo, solo queda la letra, porque se ha olvidado la vida que hay en esas palabras.

Hay varias formas de amor humano: el amor de los padres por los hijos que son su propia carne y sangre, el amor que busca y anhela al sexo opuesto y el amor fraterno que nos produce gozo cuando estamos con nuestros buenos amigos. Con todo, no hay comparación posible entre el amor humano y el de Dios. El de los padres se limita a los hijos. El que existe entre los sexos se centra en la pareja. Aun el amor entre amigos comienza a desaparecer si uno de los dos nunca recibe nada a cambio de su estimación e interés por el otro. En cambio, el amor divino es distinto.

En griego, el *amor de Dios* es un tipo de amor que se sacrifica de una manera total por el que ama, debido a que comprende lo valioso que es. Por ejemplo, el hombre y la mujer traicionaron a Dios, cayendo en un profundo pecado que tuvo por consecuencia una vida abominable, la cual a su vez terminaba llevando a la destrucción eterna. A pesar de esta traición, Dios se sacrificó amorosamente en el Calvario para salvar a la humanidad. ¿Por qué? Porque cada una de las almas tiene un precio infinito para él. ¡Así es el amor divino!

Aunque caída en el pecado, la humanidad posee la imagen de Dios, y podemos convertirnos en criaturas nobles si recibimos la gracia de la redención.

Dios es amor, y su amor es verdadero. El amó tanto a los pecadores de este mundo, que no escatimó ni siquiera a su propio Hijo, sino que lo convirtió en sacrificio por nuestros pecados. ¿No es acaso amor verdadero el que nos haya amado incluso a nosotros, que estábamos caídos en el pecado? Es probable que Pablo se haya sentido conmovido hasta las lágrimas al hablar del amor de Dios. Entonces, ¿por qué nos hemos enfriado tanto nosotros?

¿Cómo se puede restaurar nuestra fe de manera que nos podamos sentir profundamente conmovidos por la gracia de Jesucristo y el amor de Dios? ¿Dónde está la senda que nos conduce a esa restauración? Ciertamente, existe un camino hacia una restauración plena. Hay una respuesta al clamor de nuestro espíritu, y se halla en la comunión del Espíritu Santo, él es quien derrama toda la gracia y todo el amor en nuestro espíritu por medio de su comunión con nosotros.

LA COMUNIÓN DEL ESPÍRITU SANTO

La palabra *comunión* conlleva las ideas de «comunicarse con alguien, viajar juntos, transportarse juntos». El espléndido desarrollo que ha tenido el transporte ha hecho del mundo moderno una gran ciudad. Por medio de este transporte rápido y cómodo, los humanos de todo el mundo comparten cuanto se necesita para satisfacer sus necesidades culturales, políticas, económicas, militares y científicas. No es exagerado decir que se puede medir una civilización por el grado de desarrollo de sus sistemas de transporte.

Supongamos que este sistema planetario de transporte se detuviera súbitamente. El mundo entero se convertiría en un infierno viviente. Casi todos los tipos de trabajo terminarían por paralizarse. Las ciudades sufrirían hambre y frío, al detenerse el abastecimiento de víveres y combustible. Las zonas rurales y las industrias se verían inundadas por productos agrícolas e industriales echados a perder, por hallarse obstruidos los canales de venta. El transporte no es una comodidad de la que podamos prescindir. Es necesario para el bienestar humano. De igual manera, la comunión con el Espíritu Santo —el viajar a diario y mantener una amistad constante con él— es esencial para nuestro bienestar espiritual.

Nuestra fe crece en proporción directa al crecimiento de nuestra comunión con el Espíritu Santo. A través de esta comunión recibimos bendiciones espirituales, y le contamos nuestros más caros anhelos. Aunque la gracia de Jesucristo y el amor de Dios abunden sin medida en los cielos, no nos servirán de nada si no llegan hasta nosotros. Igualmente, aunque tengamos el corazón repleto de anhelos, si el Espíritu Santo no nos ayuda a tener comunión con Dios en la oración, no podemos orar correctamente.

La Biblia confirma esta realidad claramente: «Y el Señor encamine vuestros corazones al amor de Dios, y a la paciencia de Cristo» (2 Tesalonicenses 3:5).

Este versículo se refiere a la obra del Espíritu Santo, puesto que es él quien nos dirige al amor de Dios, y a esperar pacientemente a Cristo. Por abundantes que sean la gracia de Jesucristo y el amor de Dios, si el Espíritu Santo no dirige nuestro corazón a esa gracia y a ese amor, nuestra fe se convierte en una simple fe de palabras muertas. Si el Espíritu Santo no nos ayuda a tener comunión con Dios, nuestra oración será semejante a la de los fariseos, carente de vida por completo.

La Biblia enseña con toda claridad que el Espíritu nos ayuda en nuestra oración: «Y de igual manera el Espíritu nos ayuda en nuestra debilidad;

pues qué hemos de pedir como conviene, no lo sabemos, pero el Espíritu mismo intercede por nosotros con gemidos indecibles» (Romanos 8:26). En Judas 20 se señala también el lugar que tiene el Espíritu en nuestra vida de oración: «Pero vosotros, amados, edificándoos sobre vuestra santísima fe, orando en el Espíritu Santo».

La palabra *comunión*, tal como la usa Pablo en su bendición a los corintios —«la comunión del Espíritu Santo [...] con todos vosotros»— tiene un sentido muy profundo. El vocablo griego correspondiente tiene dos significados importantes.

COMPAÑERISMO

El primer significado se relaciona con una relación basada en una amistad íntima y profunda. Sin compañerismo con el Espíritu Santo no es posible tener vida espiritual, ni fe poderosa y triunfante. En la iglesia primitiva abundaban la oración fervorosa, una pasión desbordante, una rica vitalidad y una gratitud que brotaban como poderoso manantial a consecuencia de su profunda relación de compañerismo con el Espíritu Santo. ¿Por qué nos estamos conformando los cristianos con las simples formalidades externas de la religión, las áridas ceremonias de culto, y la consideración de las iglesias como simples lugares de comunicación social? Este vacío ha hecho que los jóvenes sientan repugnancia por el cristianismo y sus formas piadosas. Se sienten desilusionados porque la iglesia ha perdido su vida espiritual.

John A. Mackey, quien fuera decano de la facultad de teología en la Universidad de Princeton y el Seminario Teológico de la Alianza Presbiteriana, dijo en una reunión de presbiterianos: «Es mejor acercarse a la religión desde los sentimientos naturales, que llegarse a ella con formas estéticas y ordenadas carentes de poder dinámico. Uno de los problemas más importantes que tiene la iglesia de hoy es que le parece correcto que expresemos nuestros sentimientos en todos los campos, menos en la religión. Lo que necesita la iglesia del presente es poder proporcionar algo que inflame todas las pasiones positivas del ser humano. Desde el mismo momento en que una iglesia se halla completamente llena de programas y despersonalizada, se convierte en un memorial fúnebre de Dios, en lugar de ser la institución viva de su poder».

¿Cuál es la respuesta al problema que señala? Una ferviente amistad con el Espíritu Santo viviente. Sin ella, es natural que la iglesia se enfríe; la adoración se convierte en algo mecánico. La fe pierde la ardiente pasión que le da profundidad a toda nuestra persona. Este tipo de fe es como una estufa sin fuego.

Sabedor de esto, la primera pregunta que Pablo les hizo a un grupo de efesios que daban la impresión de hallarse cansados y derrotados fue: « ¡Recibisteis el Espíritu Santo cuando creísteis?» (Hechos 19:2). Cuando Jesús vio que sus discípulos se hallaban angustiados y sin esperanza, les prometió que el Espíritu Santo vendría a morar en su espíritu: «Y yo rogaré al Padre, y os dará otro Consolador, para que esté con vosotros para siempre [...] No os dejaré huérfanos; vendré a vosotros» (Juan 14:16,18).

Podemos hacer nuestro ese consuelo, pero con mayor frecuencia de la que creemos, es posible hallar hoy creyentes que no hayan oído hablar del Espíritu Santo.

¿Cómo tener comunión con el Espíritu Santo? En primer lugar, debemos reconocer que está presente en su iglesia y darle la bienvenida, anhelando ardientemente que nos guíe y abriéndole el corazón de manera que se establezca una confianza continua entre él y nosotros. El amor de Dios y la gracia de Jesús solo podrán alcanzar nuestro espíritu a través de la amistad y la comunión con el Espíritu Santo.

PARTICIPACIÓN CONJUNTA EN LA EVANGELIZACIÓN

El segundo significado de la palabra *comunión* es el de «ser socios en un negocio» (vea Lucas 5:10) y «participar conjuntamente en algo» (vea 2 Corintios 10:16 y Filipenses 3:10); trabajar juntos como socios con un propósito común, compartiendo gozos, tristezas, victorias y pruebas.

El Espíritu Santo fue enviado a esta tierra con el firme propósito de que trabajara en sociedad con los creyentes a fin de volver a la vida espíritus muertos a base de dar testimonio de la gracia de Jesucristo. Antes de dejar este mundo, Jesús les dijo a sus discípulos: «Cuando venga el Consolador, a quien yo os enviaré del Padre, el Espíritu de verdad, el cual procede del Padre, él dará testimonio acerca de mí. Y vosotros daréis testimonio también, porque habéis estado conmigo desde el principio» (Juan 15:26,27).

A partir de estas palabras, podemos comprender que la gran misión de predicar el evangelio fue dada en primer lugar al Espíritu Santo y después a los santos que creen en el Señor. Jesús aquí pone de relieve que la obra de evangelización debería ser realizada como una obra conjunta entre el Espíritu Santo y la humanidad, en la que el Espíritu participaría como el socio principal. Por tanto, podemos llegar a la conclusión de que toda la razón de que la evangelización haga tan pocos progresos hoy, de que la iglesia retroceda en lugar de progresar en la obra de ganar almas, y de que esta obra haya estado al borde de la bancarrota, se encuentra en que no se ha quebrantado esta sociedad con el Espíritu Santo. Las personas de nuestros días ni lo reconocen ni le dan la bienvenida. Puesto que no tienen su confianza puesta en él, terminan fracasando, tratando de realizar la obra de Dios con sus propios medios y esfuerzos.

Jesús señala este trágico error en el Apocalipsis: «He aquí, yo estoy a la puerta y llamo; si alguno oye mi voz y abre la puerta, entraré a él, y cenaré con él, y él conmigo» (3:20).

Si estas palabras se hubieran dirigido a un mundo incrédulo, no tendrían nada de sorprendentes. No es así; van dirigidas a la iglesia de Laodicea, que para muchos representa a los creyentes al final de los tiempos. ¡Qué revelación tan horrible!

Pensémoslo. El Señor dijo que estaría con nosotros para siempre por medio del Espíritu Santo; en cambio, la iglesia está tratando de hacer la obra de Dios a través de una adoración centrada en el hombre, sacando de su medio al Espíritu Santo y dejándolo fuera de sus puertas.

Las cosas no eran así en la iglesia original. Los santos del siglo uno se daban cuenta de que la evangelización se debía realizar de principio a fin en sociedad con el Espíritu Santo.

Cuando los apóstoles se hallaban predicando y fueron llevados para que el consejo judío de Jerusalén los interrogara, Pedro respondió de esta forma a las preguntas de dicho consejo:

> El Dios de nuestros padres levantó a Jesús, a quien vosotros matasteis colgándole en un madero. A éste, Dios ha exaltado con su diestra por Príncipe y Salvador, para dar a Israel arrepentimiento y perdón de pecados. Y nosotros somos testigos suyos de estas cosas, y también el Espíritu Santo, el cual ha dado Dios a los que le obedecen (Hechos 5:30-32).

Así confirmaba Pedro el hecho de que la obra de evangelización de los apóstoles era realizada en sociedad con el Espíritu Santo.

Jesús no comenzó a predicar el reino de los cielos hasta después de haber recibido la plenitud del Espíritu Santo. Solo entonces pudo llevar a cabo su ministerio en tres años y medio con gran poder y autoridad. Al darnos cuenta de esto, ¿cómo nos atrevemos a pensar que nosotros seríamos capaces de realizar la obra de Dios solo con poder y sabiduría humanos?

Un joven llamado Archibald Brown ingresó en cierta ocasión a una escuela para pastores fundada por el mundialmente famoso predicador C. H. Spurgeon. Después de graduarse en dicha escuela, comenzó a pastorear con gran éxito en la zona de Londres y miles de personas acudían a oír sus predicaciones. Eran muchos los que admiraban la notable unción del joven ministro y se preguntaban de dónde vendría su gran poder. Después de su muerte, se halló el secreto en la vieja y ajada Biblia que había usado. Debajo de Hechos 15:28 había escrito con pluma esta nota: «¡Qué importante es tener sociedad con el Espíritu Santo, el socio principal! Sin él como socio, no hay vida de fe ni obra de evangelización que tenga valor».

Las bendiciones y los triunfos de nuestra vida de fe y nuestra predicación del evangelio están también en proporción directa a la profundidad de nuestra relación con el Espíritu Santo, nuestro socio principal.

Después de su resurrección y antes de su ascensión, Jesús reunió a sus discípulos alrededor de sí y les ordenó solemnemente que predicaran el evangelio a todo el mundo: «Por tanto, id, y haced discípulos a todas las naciones, bautizándolos en el nombre del Padre, y del Hijo, y del Espíritu Santo; enseñándoles que guarden todas las cosas que os he mandado; y he aquí yo estoy con vosotros todos los días, hasta el fin del mundo» (Mateo 28:19-20).

Sin embargo, después de decirles esto, el Señor no les indicó que comenzaran a predicar de inmediato. Les dijo que no se podía predicar el evangelio sin sociedad con el Espíritu Santo: «He aquí, yo enviaré la promesa de mi Padre sobre vosotros; pero quedaos vosotros en la ciudad de Jerusalén, hasta que seáis investidos de poder desde lo alto» (Lucas 24:49). «Juan ciertamente bautizó con agua, más vosotros seréis bautizados con el Espíritu Santo dentro de no muchos días [...] Recibiréis poder, cuando haya venido sobre vosotros el Espíritu Santo, y me seréis testigos» (Hechos 1:5,8).

El maravilloso triunfo del evangelio en la época de la iglesia primitiva tuvo lugar porque los discípulos obedecieron fielmente el mandato de Jesús. Esperaron en Jerusalén hasta ser llenos del Espíritu Santo, y entonces predicaron.

G. Campbell Morgan, teólogo inglés que tuviera gran éxito en su pastorado, escribió este comentario acerca de Hechos 5:30-32:

> El testimonio del Espíritu Santo es el único poder definitivo con que cuenta la iglesia. Entre los demás factores, esta es la verdad más poderosa de todas. Si no podemos colaborar bien con el Espíritu Santo, no podremos ejercer la influencia del evangelio ni sobre Jerusalén ni sobre Londres. Si los que predican el evangelio no están llenos de este poder invisible, y la iglesia no refleja sobre el mundo esta luz eterna y misteriosa que ha recibido, ambos se hallarán siempre deficientes, inútiles y tan fríos como la muerte misma, aunque su apariencia externa dé la impresión de algo impecable y excelente. Si queremos realmente llenar a Londres con el Espíritu Santo, tenemos que buscar todos los medios para realizar nuestra la-

bor en sociedad con él. Bastará con que solo hagamos esto,
para que la iglesia marche continuamente de victoria en victoria con Dios a, través de los gozos y las pruebas.

En el libro de Hechos se dice clara y repetidamente que el evangelio
era predicado en colaboración con el Espíritu Santo.

En Hechos 8 encontramos al diácono Felipe, quien descendió a Samaria para conducir unas reuniones de avivamiento en las que una gran
muchedumbre se arrepentía y recibía la salvación. Eran incontables los
sanados. Se producían grandes milagros y prodigios, y abundaba el gozo.
En medio de este gran avivamiento, se le apareció de pronto un ángel a
Felipe para decirle que se fuera hacia Gaza, en el sur.

¡Qué diferentes son la voluntad de Dios y la del hombre! Parecería
que el diablo había tentado a Felipe, dándole una revelación falsa. ¿Por
qué iba a dejar aquellas reuniones tan triunfales para acudir a un lugar
desierto y desolado? Porque cuanto Felipe hacía, lo realizaba en sociedad
con el Espíritu Santo. Estaba seguro de que aquella orden procedía de él.
Obediente, dejó las reuniones de Samaria y se fue por fe al desierto, sin
saber a dónde iba, pero el Espíritu Santo había planificado la liberación
de todo el continente africano a través de la liberación de un alma etíope
con la que se encontraría Felipe.

Así describe la Biblia esta escena: «Entonces él [Felipe] se levantó y
fue. Y sucedió que un etíope, eunuco, funcionario de Candace reina de
los etíopes, el cual estaba sobre todos sus tesoros, y había venido a Jerusalén para adorar, volvía sentado en su carro, y leyendo al profeta Isaías»
(Hechos 8:27,28).

El Espíritu Santo envió a Felipe al desierto para que le predicara el
evangelio de la salvación a un alma que estaba preparada. Y gracias a la
salvación de este etíope, Felipe pudo recoger una cosecha inmensamente
mayor de la que habría recogido de haberse quedado en Samaria dirigiendo las reuniones. No debemos descuidar ni despreciar los impulsos del
Espíritu Santo porque nos parezcan de poca monta; no tenemos idea de lo
que pueda haber planificado.

La orden del Espíritu Santo a Felipe se hizo más concreta aún: «Y el
Espíritu dijo a Felipe: Acércate y júntate a ese carro» (Hechos 8:29).

Dirigido por el invisible Espíritu de Dios, Felipe se aproximó al carro
en el momento y lugar oportunos, cuando el eunuco etíope leía Isaías 53,
la profecía sobre el sufrimiento expiatorio de Cristo a favor nuestro. Es
maravillosa la forma en que lo guió, y el momento no pudo ser más adecuado. Después de escuchar la predicación de Felipe, el etíope recibió a
Jesús como Salvador suyo. Cuando llegaron a un lugar donde había agua,
Felipe lo bautizó.

Lo que tuvo lugar a continuación manifiesta lo poderosa que puede ser la asociación con el Espíritu Santo en la labor de predicar el evangelio: «Cuando subieron del agua, el Espíritu del Señor arrebató a Felipe; y el eunuco no le vio más, y siguió gozoso su camino» (Hechos 8:39).

El Espíritu del Señor «arrebató a Felipe». Eso sí que es trabajar en sociedad.

Habrá quienes justifiquen su falta de poder con la excusa de que el Espíritu Santo no obra de esta forma hoy. Sin embargo, Jesús dijo acerca de esto: « [El Padre] os dará otro Consolador, para que esté con vosotros *para siempre*» (Juan 14:16, cursivas del autor).

El Espíritu Santo es el mismo para siempre, y está con nosotros en estos momentos. Si no puede obrar, se debe a que hoy hay creyentes que lo traicionan y lo niegan; no confían en él ni le prestan atención. El descuido con respecto al Espíritu Santo es lo que hace que el evangelio, que es poderoso, se convierta en una noticia tan vieja como las antigüedades de un museo.

En Hechos 10 encontramos otra escena en que hay labor conjunta. Pedro, en colaboración con el Espíritu, es enviado a predicarles a un centurión gentil llamado Cornelio y a toda su casa:

> Pedro subió a la azotea para orar, cerca de la hora sexta. Y tuvo gran hambre, y quiso comer; pero mientras le preparaban algo, le sobrevino un éxtasis; y vio el cielo abierto, y que descendía algo semejante a un gran lienzo, que atado de las cuatro puntas era bajado a la tierra; en el cual había de todos los cuadrúpedos terrestres y reptiles y aves del cielo. Y le vino una voz: Levántate, Pedro, mata y come. Entonces Pedro dijo: Señor, no; porque ninguna cosa común o inmunda he comido jamás. Volvió la voz a él la segunda vez: Lo que Dios limpió, no lo llames tu común. Esto se hizo tres veces; y aquel lienzo volvió a ser recogido en el cielo. Y mientras Pedro estaba perplejo dentro de sí sobre lo que significaría la visión que había visto, he aquí los hombres que habían sido enviados por Cornelio, los cuales, preguntando por la casa de Simón, llegaron a la puerta. Y llamando, preguntaron si moraba allí un Simón que tenía por sobrenombre Pedro. Y mientras Pedro pensaba en la visión, le dijo el Espíritu: He aquí, tres hombres te buscan. Levántate, pues, y desciende y no dudes de ir con ellos, porque yo los he enviado (Hechos 10:9b-20).

Vemos aquí de nuevo que el Espíritu Santo obra con el fin de liberar a las almas. Cornelio, centurión del ejército romano destacado en Cesarea, era un hombre devoto, pero aún no había recibido la salvación. El Espíritu Santo de Dios, a través de un ángel, le indicó que mandara buscar a Pedro, quien sería el vaso utilizado para predicarle el evangelio (véanse los vv.1-8). Pedro, criado como judío devoto, tenía terror de estar en compañía de gentiles, incluso de conversar con ellos, porque eran «inmundos» según la ley judía. Con el fin de ampliar la esfera de su ministerio, el Espíritu Santo hizo que tuviera por tres veces una extraña visión, y después le ordenó que no dudara, sino que se fuera a la casa de aquel gentil llamado Cornelio.

¡Qué ministerio tan maravilloso el del Espíritu Santo! Los había preparado a ambos: al mensajero y al que recibiría el mensaje. Va más allá de toda comprensión lo urgentemente que se necesita hoy este ministerio del Espíritu Santo: enviar un vaso preparado a un espíritu que también lo esté. Dios es el único que sabe cuál es el momento perfecto.

Mientras predicaba el evangelio en la casa de Cornelio, Pedro dijo: «Y nos mandó que predicásemos al pueblo, y testificásemos que él es el que Dios ha puesto por Juez de vivos y muertos. De éste dan testimonio todos los profetas, que todos los que en él creyeren, recibirán perdón de pecados por su nombre» (vv. 42,43).

Sigue diciendo el relato: «Mientras aún hablaba Pedro estas palabras, el Espíritu Santo cayó sobre todos los que oían el discurso. Y los fieles de la circuncisión que habían venido con Pedro se quedaron atónitos de que también sobre los gentiles se derramase el don del Espíritu Santo» (vv. 44,45). Una obra tan maravillosa como esta solo pudo realizarse en consorcio con el Espíritu Santo.

Más adelante, Lucas describe en otro lugar del libro una escena en la que una congregación entera colaboró con el Espíritu Santo.

> Había entonces en la iglesia que estaba en Antioquía, profetas y maestros [...] Ministrando éstos al Señor, y ayunando, *dijo el Espíritu Santo:* Apartadme a Bernabé y a Saulo para la obra a que los he llamado. Entonces, habiendo ayunado y orado, les impusieron las manos y los despidieron (Hechos 13: la,2,3, cursivas del autor).

En este relato podemos aprender varias lecciones importantes en cuanto a la relación entre la obra evangelística y el Espíritu Santo. En la predicación del evangelio, el Espíritu Santo es omnipotente; soberano. Al decir «los *he* llamado», el Espíritu Santo demuestra que es él quien ocupa la posición de preeminencia en la iglesia, lo cual significa que la obra del evangelio es la que él exige. Aquí está haciendo notar que el embajador extraordinario y plenipotenciario no es una denominación, ni persona humana alguna, sino él mismo.

Este pasaje enseña claramente también que los que trabajaban por el evangelio solo podían realizar su misión si se asociaban al Espíritu Santo. Sin esperar con ansias sus órdenes, como esta iglesia de Antioquía, que le ministraba al Señor y oraba en el Espíritu, ¿cómo es posible escuchar la queda voz del Espíritu Santo?

Es triste pero cierto que la iglesia de hoy está repleta de planes y programas basados en los intereses humanos; se planifica y se presenta la adoración para lograr una complacencia carnal a través de una asociación de tipo humano. Hay poco interés en escuchar al Espíritu Santo. La consecuencia es que la iglesia, que se debería estar ocupando de la obra del reino de los cielos, se ha convertido en un desastre. Está al borde de la bancarrota y se ha convertido en objeto de ridiculización y reproche.

No hay ciudad, poblado o comunidad donde las iglesias no tengan edificios; con todo, el espíritu de los adoradores se ha vuelto vacío y nulo. Hemos desechado el mandato del Señor, quien nos dijo que deberíamos convertirnos en la luz del mundo. Hemos cerrado los oídos al llamado del Espíritu Santo. La iglesia, como un rebano de ovejas extraviadas, anda vagando de un lado para otro y cae presa del diablo, quien ronda alrededor de ella, buscando a quien devorar. Florecen las herejías y las falsas enseñanzas.

En un remolino como este, ¿cuándo y cómo se podrían restaurar en medio de nosotros aquellas reuniones de oración de Antioquía? Allí, ¿no ministraban todos ellos unánimes al Señor, al mismo tiempo que esperaban órdenes divinas? ¿No ayunaban y oraban, ansiosos por hacer la obra a la que les había llamado el Espíritu Santo, el jefe de su empresa? Para evangelizar la era futura, debemos volver nuevamente al seno del Espíritu Santo, quien nos da poder, sabiduría y orientación sobrenaturales. Debemos arrepentirnos y abrir los oídos a su llamado.

El relato de los sucesos de Antioquía dice a continuación que Bernabé y Pablo, quienes habían sido apartados por el Espíritu Santo para su obra, «enviados por el Espíritu Santo, descendieron» (Hechos 13:4).

Realmente, esta salida nos obliga a pensar. Se fueron, no enviados por una denominación ni por una institución misionera, sino por el Espíritu Santo. No tenían fondos misioneros, ni promesa alguna de que tendrían sostenimiento fijo como misioneros. No se dice nada acerca de dinero, y sin embargo, fue el Espíritu Santo, Señor del cielo y de la tierra, quien los envió. Con un apoyo así, no tengan nada que temer. Por supuesto, esto no significa que no hiciera falta una denominación, o el dinero, o una sociedad misionera; con todo, no los envió un grupo de gente ni una institución.

EL GRAN TEÓLOGO

Tengo un verdadero anhelo de que todas las iglesias e instituciones dedicadas a evangelizar el mundo de hoy estén llenas del Espíritu Santo, en lugar de limitarse a estar llenas de gente, para que así podamos disfrutar de la victoria divina que se puede obtener a través del evangelio puro. Solo esto, y no una predicación derrotista, secularizada y humanista, será lo que causará la victoria del mensaje del evangelio en el mundo.

Entre bastidores, y poniendo bases firmes para la obra de evangelización, el Espíritu Santo fue también el principal actor de la iglesia en sus primeros años, mientras se resolvían las cuestiones teológicas. Como si fuera un invisible director de escena, era él quien tenía la autoridad definitiva para supervisar, enseñar y guiar.

En Hechos 15, algunos gentiles cristianos se hallaban muy confundidos debido a las falsas enseñanzas de ciertos creyentes judíos:

> Entonces algunos que venían de Judea enseñaban a los hermanos: Si no os circuncidáis conforme al rito de Moisés, no podéis ser salvos. Como Pablo y Bernabé tuviesen una discusión y contienda no pequeña con ellos, se dispuso que subiesen Pablo y Bernabé a Jerusalén, y algunos otros de ellos, a los apóstoles y a los ancianos, para tratar esta cuestión (vv. 1,2).

En consecuencia, los apóstoles y ancianos sostuvieron un concilio en Jerusalén para estudiar este asunto. La discusión y el veredicto del concilio se hallan descritos en este mismo capítulo 15. Su lectura me lleva a creer que estos dirigentes reconocían profundamente al Espíritu Santo, confiando en él y orando con fe firme para que guiara sus discusiones de manera que llegaran a una conclusión correcta. Su conclusión fue escrita en forma de carta a los gentiles de Antioquía, Siria y Cilicia:

> Por cuanto hemos oído que algunos que han salido de nosotros, a los cuales no dimos orden, os han inquietado con palabras, perturbando vuestras almas, mandando circuncidaros y guardar la ley, nos ha parecido bien, habiendo llegado a un acuerdo, elegir varones y enviarlos a vosotros con nuestros amados Bernabé y Pablo, hombres que han expuesto su vida por el nombre de nuestro Señor Jesucristo [...] Porque ha parecido bien *al Espíritu Santo, y a nosotros,* no imponeros ninguna carga más que estas cosas necesarias (vv. 24-26,28, cursivas del autor).

El que se haya mencionado claramente al Espíritu Santo en primer lugar —«ha parecido bien al Espíritu Santo, y a nosotros» y no «nos ha parecido bien a nosotros y al Espíritu Santo»—, debe darles vergüenza a los que interpretan la Biblia apoyándose en una fe humanista. ¿Reconocen realmente al Espíritu Santo en las conferencias religiosas de hoy? Con frecuencia oímos expresiones como: «El superintendente X y el comité han decidido... ». Rara vez escuchamos expresar los sentimientos reflejados en la carta enviada por los apóstoles de Jerusalén: «Con la ayuda del Espíritu Santo, hemos decidido...». Por supuesto, no estoy defendiendo que haya que seguir toda declaración con la frase «con la ayuda del Espíritu Santo», pero es deplorable que jamás se escuchen frases así.

CONFIANZA EN SU AYUDA

En todo cuanto hagamos, debemos reconocerlo, adorarlo, darle gracias y confiar continuamente en él. Además, es imprescindible que recordemos que el Espíritu Santo, enviado por el cielo para ser nuestro jefe en la evangelización y la enseñanza, espera a que *lo invitemos* a ocupar entre nosotros ese lugar.

La Biblia nos muestra que no es la ignorancia lo único que impide que trabajemos dentro de esta sociedad con el Espíritu Santo. La falta de humildad al esperar en él es otro factor del problema.

En Hechos 16:6-10 vemos que Pablo obraba bajo las órdenes del Espíritu Santo, y en colaboración con él. Por supuesto, Pablo fue el apóstol por excelencia, y Dios lo usó poderosamente. Sin embargo, también nos debemos dar cuenta de que incluso un apóstol tan sensible al Espíritu Santo como Pablo, fue capaz de apresurarse atrevidamente a hacer algo, debido a su gran celo por la predicación del evangelio. He aquí lo sucedido:

> Y atravesando [Pablo y Silas] Frigia y la provincia de Galacia, *les fue prohibido por el Espíritu Santo* hablar la palabra en Asia; y cuando llegaron a Misia, intentaron ir a Bitinia, *pero el Espíritu no se lo permitió* (vv. 6,7; cursivas del autor).

Cuando leemos este pasaje, nos sentimos como si estuviéramos viendo la lucha de Jacob con el ángel de Dios. Las expresiones «les fue prohibido por el Espíritu Santo» y «el Espíritu no se lo permitió» tienen un sentido combativo. Pablo estaba tratando de lanzarse a predicar, mientras que el Espíritu Santo lo estaba frenando. Escenas tan vívidas en la Biblia nos muestran que era el Espíritu Santo quien dirigía a Pablo.

Es imposible captar por completo la grandiosa lección que enseña este pasaje. Esta maravillosa escena nos muestra claramente que el Espíritu Santo tiene un fuerte deseo de participar en la obra del evangelio en sociedad con nosotros, y que quien inicia esa obra no es el ser humano, sino él. Cuando no le resulta fácil guiar a sus santos, el Espíritu Santo llega a emplear la fuerza para hacer que obedezcan los planes divinos con respecto a su obra. Es él quien nos ordena que hagamos la obra de evangelización; los creyentes son enviados a la cosecha como obreros, pero él debe ser el jefe de la empresa.

Hasta al mismo Pablo, hombre de una personalidad a toda prueba y casi perfecta, le costó algo dejarse guiar por el Espíritu Santo, debido a su ardiente pasión por las almas y su indomable voluntad. Quizá la razón por la que Dios le permitió que sintiera un «aguijón en la carne» (vea 2 Corintios 12:7) fuera para que pudiera comprender su debilidad y poner por completo su confianza en el Señor.

Debemos aprender de todo esto, que siempre debemos buscar la orientación que nos viene del Espíritu Santo, y tener un espíritu obediente y quebrantado que él pueda guiar con tanta facilidad como un pastor guía a sus ovejas. Solo entonces se podrá predicar realmente el evangelio en sociedad con el Espíritu Santo. Si tratamos de hacerlo sin él, entristeceremos el corazón de Dios y nos estaremos oponiendo a su plan y providencia para salvar al mundo. Este tipo de labor conjunta con el Espíritu Santo es indispensable para la iglesia.

2
¿Quién es el Espíritu Santo?

Consideremos: ¿Quién es, exactamente, este maravilloso Espíritu Santo de la gracia? Si queremos tener intimidad con él y trabajar en su compañía, necesitamos conocerlo bien. Aunque hay una serie de metáforas impersonales sobre el Espíritu Santo —el fuego, el viento, el agua, el aceite, la paloma y demás— y todas tienen una base bíblica, han sido tan ampliamente usadas, que algunas personas no conocen quién es él en realidad. Vayamos al fondo mismo de la verdad.

El Espíritu Santo es Dios
Como Dios Padre y Dios Hijo, el Espíritu Santo es miembro de la Divinidad. Dentro de la historia de la iglesia, los arrianos, sabelianos y socinianos lo han considerado como un poder procedente del Dios eterno, pero estos grupos siempre han sido calificados de heréticos por la iglesia de creencias ortodoxas.

La Biblia misma llama Dios al Espíritu Santo. Entre las cosas que Jesús les ordenó a sus discípulos inmediatamente antes de ascender a los cielos, se halla esta: «Id, y haced discípulos a todas las naciones, bautizándolos en el nombre del Padre, y del Hijo, y del Espíritu Santo» (Mateo 28:19). Aquí Jesús sitúa claramente al Espíritu Santo en la misma posición que el Padre y el Hijo. Afirma que tiene la misma autoridad, el mismo poder y la misma gloria que ellos.

Así sucede a lo largo de toda la Biblia. En el libro de Hechos, un hombre llamado Ananías vendió junto con su esposa Safira una posesión, y les llevó a los apóstoles parte del dinero obtenido, fingiendo que les había entregado todo. Sin embargo, el apóstol Pedro, lleno del Espíritu Santo, lo reprendió diciéndole: «¿Por qué llenó Satanás tu corazón para que mintieses al Espíritu Santo, y sustrajeses del precio de la heredad? [...] No has mentido a los hombres, sino a Dios» (Hechos 5:3,4). En esta circunstancia Pedro da testimonio de que el Espíritu Santo es Dios, al decirle a Ananías que le había mentido a Dios, y le había mentido al Espíritu Santo, usando ambas expresiones de manera intercambiable.

Algunos versículos del Antiguo Testamento en los que habla el Señor son mencionados en el Nuevo como escritos por el Espíritu Santo. Por ejemplo, Isaías 6:9 dice: «Y dijo [el Señor]: Anda, y di a este pueblo: Oíd bien, y no entendáis; ved por cierto, más no comprendáis». Cuando Pablo cita este versículo en el Nuevo Testamento, lo atribuye al Espíritu Santo: «Bien habló el Espíritu Santo por medio del profeta Isaías a nuestros padres, diciendo: Ve a este pueblo, y diles: De oído oiréis, y no entenderéis; y viendo veréis, y no percibiréis» (Hechos 28:25,26).

A partir de pasajes de las Escrituras como estos, puedo entender claramente que el Espíritu Santo forma parte de la Trinidad santa. La palabra del Señor Dios del Antiguo Testamento es la misma que la del Espíritu Santo en el Nuevo (vea también Jeremías 31:33 y Hebreos 10:15,16).

Podemos ver también que el Espíritu Santo es Dios en el hecho de que realiza una obra que nadie más que Dios podría realizar. El Espíritu Santo creó los cielos y la tierra por voluntad de Dios (vea Génesis 1:2; Job 26:13). Resucita a los muertos (vea Romanos 1:4; 6:11); hace nacer de nuevo (vea Juan 3:5-7); convence al mundo de pecado, de justicia y de juicio (vea Juan 16:8); y echa fuera demonios (vea Mateo 12:28).

Además de todas estas pruebas, el Espíritu Santo posee todos los atributos divinos. Solo Dios es eterno, omnisciente, omnipotente y omnipresente, y el Espíritu Santo tiene todas estas cualidades.

Hebreos 9:14 dice que el Espíritu Santo es eterno: «¿Cuánto más la sangre de Cristo, el cual mediante el Espíritu eterno se ofreció a sí mismo sin mancha a Dios, limpiará vuestras conciencias de obras muertas para que sirváis al Dios vivo?».

El Espíritu Santo es omnisciente: «Pero Dios nos las reveló a nosotros por el Espíritu; porque el Espíritu todo lo escudriña, aun lo profundo de Dios» (1 Corintios 2:10). El Espíritu Santo sabe todas las cosas, aun las más profundas de Dios.

También es omnipotente: «Respondiendo el ángel, le dijo: El Espíritu Santo vendrá sobre ti [María], y el poder del Altísimo te cubrirá con su sombra» (Lucas 1:35). Se ve con claridad que el Espíritu Santo es el poder del Altísimo, y que para Dios no hay nada imposible.

Por último, el Espíritu Santo es omnipresente. El Salmo 139 expresa bien esta cualidad suya. David afirma, al hablarle al Señor: «¿A dónde me iré de tu Espíritu? ¿Y a dónde huiré de tu presencia? Si subiere a los cielos, allí estás tú; y si en el Seol hiciere mi estrado, he aquí, allí tú estás» (vv. 7,8).

Por consiguiente, el Espíritu Santo, que es eterno, omnisciente, omnipotente y omnipresente, ¿no es Dios? El Espíritu es también majestuoso, santo y glorioso, como el Padre y el Hijo.

EL ESPÍRITU SANTO TIENE PERSONALIDAD

Tan pronto como nos damos cuenta de que el Espíritu Santo es una persona, una entidad con personalidad propia, como el Padre y el Hijo, nuestras posturas hacia él cambian por completo. La naturaleza personal del Espíritu Santo afecta de diversas formas nuestra relación con él. En *La Persona y obra del Espíritu Santo,* el evangelista y escritor R. A. Torrey señala lo importante que es la condición personal del Espíritu Santo. Insiste en que solo un ser con personalidad puede comprender nuestros problemas y ayudarnos.

No podemos sostener un diálogo con las piedras, los árboles o las fuerzas impersonales. En cambio, por ser una Persona divina, el Espíritu Santo puede comprender profundamente nuestros asuntos y ayudarnos. Esto nos permite ir en busca de su ayuda.

Entre nuestros himnos y coros hay varios en los que se pide ayuda al Espíritu Santo. El primer verso de uno de estos himnos de petición dice: «Espíritu del trino Dios, ven sobre mí».

¡Qué oración tan ferviente la de esta súplica cantada al Espíritu Santo! No es este el único himno dirigido a él; son numerosos. Si el Espíritu Santo no fuera una persona, ¿de qué forma podría conocer nuestras circunstancias para ayudarnos? Nuestros himnos de súplica al Espíritu serían absurdos.

EVIDENCIAS BÍBLICAS

Se preguntará cómo sabemos que el Espíritu Santo es una persona. Esto es algo que se ve con claridad a lo largo de toda la Biblia.

Con frecuencia, no se distingue entre ser persona y poseer un cuerpo. Cuando decimos que una entidad es una persona, hay quienes entienden falsamente que estamos diciendo que dicha entidad debe poseer una forma carnal. Sin embargo, Jesús mismo no tuvo una forma carnal como la nuestra después de su resurrección. El apóstol Pablo lo dijo: «Aun si a Cristo conocimos según la carne, ya no lo conocemos así» (2 Corintios 5:16). ¿Quiere esto decir que Jesús perdió su condición de persona? Por supuesto que no.

No conozco creyente alguno que estaría en desacuerdo con la afirmación de que el Padre es una Persona viviente. Sin embargo, nadie lo ha visto jamás, porque él es Espíritu (vea Juan 4:24). Una entidad es personal, tenga corporeidad o no, si tiene los atributos de una persona. Puesto que el Espíritu Santo tiene todos los atributos de las personas, aunque no sea visible, es persona. Veamos las pruebas bíblicas acerca de esto.

Sabemos que el Espíritu Santo es una persona, porque la Biblia usa continuamente pronombres personales para referirse a él. «El Espíritu de verdad, el cual procede del Padre, él dará testimonio acerca de mí» (Juan 15:26). «Si no me fuera, el Consolador no vendría a vosotros; mas si me fuere, os lo enviaré. Y cuando *él* venga, convencerá al mundo de pecado, de justicia y de juicio» (Juan 16:7,8). «Cuando venga el Espíritu de verdad, él os guiará a toda la verdad» (Juan 16:13).

Se atribuyen al Espíritu Santo muchos actos que solo una persona puede realizar. He aquí una breve lista de estas acciones personales:

1. El Espíritu Santo *habla:* «El que tiene oído, oiga lo que el espíritu dice a las iglesias» (Apocalipsis 2:7).
2. El Espíritu Santo *nos ayuda* en nuestra debilidad: «Y de igual manera el Espíritu nos ayuda en nuestra debilidad» (Romanos 8:26).
3. El Espíritu Santo *ora por nosotros:* «El Espíritu mismo intercede por nosotros» (Romanos 8:26).
4. El Espíritu Santo *nos enseña:* «Mas el Consolador, el Espíritu Santo, a quien el Padre enviará en mi nombre, él os enseñará todas las cosas, y os recordará todo lo que yo os he dicho» (Juan 14:26).
5. El Espíritu Santo *testifica sobre el Señor:* «Pero cuando venga el Consolador [...] él dará testimonio acerca de mí» (Juan 15:26).
6. El Espíritu Santo *nos guía:* «Pero cuando venga el Espíritu de verdad, él os guiará a toda la verdad» (Juan 16:13).
7. El Espíritu Santo les *da órdenes* a las personas que sirven a Jesucristo: «Les fue prohibido por el Espíritu Santo hablar la palabra en Asia; y cuando llegaron a Misia, intentaron ir a Bitinia, pero el Espíritu no se lo permitió» (Hechos 16:6,7).
8. El Espíritu Santo *llama* a las personas a la obra de Dios y las coloca en sus distintas posiciones dentro de ella: «Dijo el Espíritu Santo: Apartadme a Bernabé y a Saulo para la obra a que los he llamado» (Hechos 13:2).
9. El Espíritu Santo *fortalece a los creyentes:* «Entonces las iglesias tenían paz [...] y eran edificadas, andando en el temor del Señor, y se acrecentaban fortalecidas por el Espíritu Santo» (Hechos 9:31).

En realidad, hay capítulos enteros de la Biblia que han sido escritos para narrar las actividades del Espíritu Santo. Esta lista solo nos ofrece algunos aspectos sobresalientes.

Al Espíritu Santo se le atribuyen diversas características de las personas. Para ser persona un ente debe tener ciertos atributos: conocer cosas y hechos, tener sentimientos como gozo, ira, placer y tristeza, y tener voluntad para decidir cuáles serán sus actitudes hacia esos sentimientos. ¿Tiene el Espíritu Santo todos estos atributos?

Primeramente, se le atribuye conocimiento, como lo demuestran los siguientes pasajes: «Pero Dios nos las reveló a nosotros por el Espíritu; porque el Espíritu todo lo escudriña, aun lo profundo de Dios» (1 Corintios 2:10); «Mas el que escudriña los corazones sabe cuál es la intención del Espíritu» (Romanos 8:27).

Pensemos en esto. El Espíritu Santo tiene el intelecto necesario para buscar las cosas profundas de Dios, además de escudriñar y comprender el corazón humano.

Permítame relatarle una experiencia propia con respecto al conocimiento del Espíritu Santo. En un caluroso día de verano, les estaba predicando a unas mil trescientas personas que asistían a un culto nocturno en mi iglesia. A mediados del sermón, sentí en mi espíritu la impresión de un irresistible impulso que venía del Espíritu Santo. Él me estaba revelando que una de las personas que se hallaban en la congregación había salido de su casa para suicidarse, y que si no era salva aquella noche, todo habría terminado para ella. Después de recibir aquel conocimiento traté de continuar mi sermón como si nada hubiese sucedido, pero me sentí demasiado constreñido. Por fin, suspendí el sermón por unos minutos y le expliqué la situación a la congregación. Entonces pedí: «Si esa persona esta presente, haga el favor de levantar la mano».

Una joven levantó la mano, y después del culto me reuní con ella en mi oficina. Aunque había salido de su casa con la intención de no regresar jamás, una amiga la había convencido para que asistiera al culto. En la mente solo tenía la idea del suicidio, hasta que oyó que Dios se interesaba por ella y quería sacarla de su desesperación.

Mientras hablábamos, ella lloraba amargamente; confesó sus pecados y regresó salva a su casa. Cerca de un año más tarde recibí carta suya en la que me decía que estaba llevando una vida feliz en el Señor. Experiencias como esta me dan la seguridad de que el Espíritu Santo conoce todos nuestros pensamientos y circunstancias. Sí, el Espíritu Santo tiene conocimiento.

En segundo lugar, el Espíritu Santo tiene emociones y sentimientos, como lo indican estos pasajes: «Y la esperanza no avergüenza; porque el amor de Dios ha sido derramado en nuestros corazones por el Espíritu Santo que nos fue dado» (Romanos 5:5); «Y no contristéis al Espíritu Santo de Dios» (Efesios 4:30); «El Espíritu mismo intercede por nosotros con gemidos indecibles» (Romanos 8:26).

Estos pasajes bíblicos demuestran que el Espíritu Santo posee una serie de emociones: derrama el amor de Dios en nuestro espíritu; es posible entristecerle y gime en ardiente intercesión a favor nuestro.

En tercer lugar, el Espíritu Santo tiene voluntad, y obra según esa voluntad y sus planes. «Pero todas estas cosas las hace uno y el mismo Espíritu, repartiendo a cada uno en particular como él quiere» (1 Corintios 12:11). «Les fue prohibido por el Espíritu Santo hablar la palabra en Asia; y cuando llegaron a Misia, intentaron ir a Bitinia, pero el Espíritu no se lo permitió» (Hechos 16:6,7).

Una de las tonterías más grandes que la gente trata de hacer hoy es usar al Espíritu Santo para lograr sus propósitos. Él no es un ente impersonal, un objeto inanimado o poder desconocido que podamos utilizar. Es una persona real, y usa personas para realizar su propia obra, y según su voluntad. En el verano de 1964, yo mismo experimenté con toda su fuerza esta realidad.

Llevaba una semana en California, donde predicaba en varias iglesias. Acababa de comprar mi pasaje de avión para ir al Estado de Washington, cuando de repente me sentí inquieto y turbado en el espíritu. Traté de calmarme, pero no pude. Tenía pensado asistir a una fiesta organizada por el Concilio Misionero Femenil antes de irme. Cuando llegué a la fiesta, le pedí a la presidenta de la reunión de mujeres que me consiguiera un lugar tranquilo para orar. Me arrodillé ante el Señor, y de inmediato el Espíritu Santo me mostró claramente que su voluntad era que me quedara en aquella ciudad una semana más. Por unos instantes fui enumerando mis excusas sobre por qué me debía ir, pero seguía sin tener paz. Finalmente, cuando me sometí al Señor y le dije que le obedecería, regresó a mí la paz, inundando mi corazón y mi mente.

Al recordar aquella situación, me doy cuenta de que mi obediencia a la voz del Señor produjo resultados evangelísticos y fruto para su reino.

A partir de mi propia experiencia personal, le puedo decir que el Espíritu Santo tiene una voluntad, y una forma de dárnosla a conocer.

No hay duda alguna de que la Biblia lo presenta como una persona real que tiene conocimiento, sentimientos y voluntad. Él habita y obra dentro de nosotros y con nosotros. Sabedores de esto, podremos dar nuevo impulso a nuestra evangelización por medio de su poder sobrenatural, si lo reconocemos, le damos la bienvenida y lo adoramos en nuestro caminar personal y en nuestro ministerio público.

La naturaleza personal del Espíritu Santo es la razón por la que es tan importante que le rindamos adoración. ¿Se nos podría exigir que adoráramos a un poder impersonal? No. Pero, alabado sea su santo nombre, él nos responde como persona; una persona perfecta, puesto que es Dios.

3
LOS NOMBRES Y SÍMBOLOS DEL ESPÍRITU SANTO

La Biblia utiliza por lo menos cuatro nombres llenos de significado cuando habla del Espíritu Santo: el Espíritu Santo, el Espíritu de Dios, el Espíritu de Cristo y el Consolador. Cada uno de estos nombres se relaciona con uno de sus distintos oficios. Estudiemos más de cerca estos nombres, y después hablaremos de los símbolos utilizados para describirlo.

EL ESPÍRITU SANTO

«Pues no nos ha llamado Dios a inmundicia, sino a santificación. Así que, el que desecha esto, no desecha a hombre, sino a Dios, que también nos dió su Espíritu Santo» (1 Tesalonicenses 4:7,8).

Entre los tres miembros de la Trinidad santa, es el Espíritu Santo en particular quien tiene por oficio la santidad y la pureza, como lo indica su nombre. Él es el poder que les lleva esa santidad y esa pureza a los creyentes; el que los aparta de la perversidad de este mundo, el cual obran los espíritus malignos e impuros en los hijos de desobediencia. Es por medio del Espíritu de santidad como podemos distinguir los espíritus que pertenecen a Dios de los que pertenecen a Satanás.

EL ESPÍRITU DE DIOS

«Y no contristéis al Espíritu Santo de Dios, con el cual fuisteis sellados para el día de la redención» (Efesios 4:30).

En muchos pasajes de la Biblia se le llama «Espíritu de Dios» (vea Génesis 1:2; 1 Corintios 2:11) al Espíritu Santo. Es adecuado que se le llame «Espíritu de Dios» puesto que el Espíritu es enviado por Dios (vea Juan 15:26). La Biblia también llama al Espíritu Santo «el Espíritu de Dios» porque Dios obra a través de él, al llamar a los pecadores a Jesús, el Salvador (vea Juan 6:44), revelar la verdad (vea Mateo 11:25) y dirigir a los creyentes (vea Romanos 8:14).

El Espíritu de Cristo

«Y si alguno no tiene el Espíritu de Cristo, no es de él» (Romanos 8:9).

Se le llama «el Espíritu de Cristo» porque Jesús lo derramó sobre los creyentes después de haberlo recibido del Padre (vea Hechos 2:33). Una y otra vez, Jesús dijo que el Espíritu Santo vendría en lugar suyo a continuar su obra. Afirmó que al venir el Espíritu Santo a vivir en los corazones de los creyentes, sería él mismo quien vendría (vea Juan 14:16-20). También dijo que el Espíritu daría testimonio de su crucifixión y resurrección redentoras (vea Juan 15:26).

Hay quienes enseñan que el Espíritu Santo es diferente del Espíritu de Cristo; que se recibe al Espíritu de Cristo al nacer de nuevo, y al Espíritu Santo al ser bautizado en él. Si esto fuera cierto, ¿no deberíamos orar también para recibir al Espíritu del Padre? Esta enseñanza no se basa en un conocimiento verdadero de la trinidad santa, sino en teologías falsas. El Espíritu de Cristo es el mismo Espíritu Santo.

El Consolador

«Pero cuando venga el Consolador, a quien yo os enviaré del Padre, el Espíritu de verdad, el cual procede del Padre, él dará testimonio acerca de mí» (Juan 15:26). Jesús llamó «Consolador» al Espíritu Santo, título que indica una misericordia sin límites.

Paráclito, o «Consolador», es una palabra que tiene sus raíces en dos vocablos griegos que significan «junto a uno» y «llamar».

Etimológicamente, esta palabra se originó en los tribunales de justicia. Cuando el acusador presionaba fuertemente a un acusado, y este no sabía cómo defenderse, miraba a su alrededor con la esperanza de hallar alguien que le ayudara. Si veía el rostro familiar de un amigo influyente, lo llamaba, de manera que el amigo se abría paso entre la multitud hasta situarse junto a él. A partir de aquel momento, permanecía de pie junto a él como paráclito suyo, y le ayudaba a ganar el pleito.

El Consolador es el que nos trae alivio y es llamado a permanecer junto a la persona que se halla en momentos difíciles. La aconseja, ruega, suplica, exhorta y fortalece, de manera que pueda ganar la victoria sobre sus enemigos.

Pensemos con mayor profundidad en las palabras de Jesús: «Y yo rogaré al Padre, y os dará otro Consolador, para que esté con vosotros para siempre» (Juan 14:16).

Es evidente que Jesús se consideraba a sí mismo como el primer Consolador, puesto que describe al Espíritu Santo, quien ocuparía su lugar y obraría en su nombre, como el «otro» Consolador.

La mitad final de 1 Juan 2:1 dice: «Si alguno hubiere pecado, abogado tenemos para con el Padre, a Jesucristo el justo». La palabra griega traducida como «abogado» aquí es *paraklétos*, la misma traducida como «Consolador» en Juan 14:16 y 26. Esto nos presenta nuevamente a Jesús como el primer Consolador, y al Espíritu Santo como el otro Consolador.

El adjetivo «otro» de Juan 14:16 tiene consecuencias significativas en el original griego. Hay dos palabras griegas distintas que se usan en la Biblia para hablar de «otro». La primera se halla en Juan 14:16, «otro Consolador», la segunda, en Gálatas 1:6, «otro evangelio». La de Juan 14:16 es la palabra griega *állos* (pron. «álos»), que denota otro de la misma clase y calidad. En cambio, la palabra de Gálatas 1:6 es el vocablo griego *héteros*, que indica otro diferente en cuanto a clase y calidad.

Es sorprendente que Jesús, al mencionar al «otro Consolador» usara las palabras *állos paracletos*. ¿Por qué? Porque, aunque el Espíritu Santo y Jesús sean personas distintas, son Consoladores de la misma clase, de la misma naturaleza divina, y con los mismos propósitos. El Espíritu Santo glorifica el nombre de Jesús, en lugar de glorificarse a sí mismo, y obra en lugar de Jesús. Por tanto, la morada del Espíritu Santo, nuestro Consolador, es análoga a la misma presencia de Jesús. Cuando este habló acerca de la venida del Espíritu Santo, dijo que sería como si fuera él mismo quien viniera: «No os dejaré huérfanos; vendré a vosotros» (Juan 14:18). La morada del Espíritu Santo es la morada de Jesús. Esta maravillosa bendición es una experiencia sobrenatural y milagrosa más allá de toda descripción posible.

La Biblia está repleta de símbolos que se refieren al Espíritu Santo. Ahora que hemos visto quién es y cuáles son sus nombres, podemos estudiar también las propiedades de las metáforas usadas para describirlo.

EL AGUA

«Jesús se puso en pie y alzó la voz, diciendo: Si alguno tiene sed, venga a mí y beba. El que cree en mí, como dice la Escritura, de su interior correrán ríos de agua viva» (Juan 7:37,38).

En muchos lugares de la Biblia se usa el agua como símbolo del Espíritu Santo. ¿Por qué es correcta esta metáfora? Si observamos la relación entre el agua y la vida humana, podremos entender un buen número de cosas acerca del Espíritu Santo.

En primer lugar, el agua es indispensable para la conservación de la vida. El ser humano tiene un sesenta por ciento de agua en su composición física. Si una persona se deshidrata por exceso de vómitos o diarrea, se pone en peligro de perder la vida física. De igual manera, el Espíritu Santo es indispensable para nuestra vida espiritual. Nacemos de nuevo del Espíritu Santo (vea Juan 3:5), y beber continuamente de él (vea 1 Corintios 12:13) es lo que nos permite conservar nuestra vida espiritual. Gracias al

Espíritu Santo, nos llenamos de energía y podemos disfrutar de esa vida satisfecha en la que nunca tendremos sed (vea Juan 4:13,14).

El agua es indispensable también para la limpieza del cuerpo. Si no tuviéramos acceso al agua por largo tiempo, ¿no terminarían la suciedad y la corrupción por enfermarnos, incluso de muerte? Cada día lavamos nuestro cuerpo, nuestras ropas, hasta la mesa de nuestra cocina. De igual manera debemos lavar diariamente nuestra vida espiritual con el Espíritu Santo. Por supuesto, somos limpiados de nuestros pecados cuando creemos en la sangre preciosa de Jesús, pero el Espíritu Santo, como si fuéramos lavados con agua, nos refresca, renovándonos el corazón para que podamos llevar una vida limpia (vea Tito 3:5).

El Espíritu Santo es el origen de la vida para los que son obedientes, pero es el Espíritu de juicio, un diluvio consumidor, para los que no lo son. En los días de Noé, Dios juzgó al mundo con el diluvio por los pecados y la desobediencia de los humanos (vea Génesis 7). Juzgó después al Faraón y a su ejército, destruyéndolos en el mar Rojo (vea Éxodo 14:28). En Hechos 5, Ananías y Safira murieron por el juicio del Espíritu Santo, contra el cual habían mentido. En Hechos 13 se nos relata la historia de Elimas, el hechicero que quedo ciego por el juicio del Espíritu Santo cuando se opuso a que Pablo predicara el evangelio.

EL FUEGO

«Él [Jesús] os bautizará en Espíritu Santo y fuego» (Mateo 3:11).

El fuego es un símbolo popular del Espíritu Santo, pero la verdad que encierra esta metáfora no es muy bien conocida. En primer lugar, el fuego es usado como símbolo del Espíritu Santo porque a lo largo del Antiguo Testamento, sin excepción alguna, la presencia de Dios aparecía en el fuego. Hay algunos sucesos históricos prodigiosos en los cuales vemos al fuego acompañar a la presencia de Dios. En los días en que Moisés guardaba el rebaño de su suegro en el monte Horeb, se encontró con Dios mientras observaba una zarza en llamas (vea éxodo 3:1-5).

En 1 Reyes 18, cuando Elías se enfrentó a los cuatrocientos cincuenta profetas de Baal en el monte Carmelo, insistió en que el que respondiera mediante el fuego, ese sería el Dios. Cuando recibió la respuesta del fuego, destruyó a los idolatras.

Después de la ascensión de Jesús, ciento veinte discípulos se reunieron en el aposento alto de Jerusalén. Se daban ánimo mutuamente en medio de un gran desespero, y esperando al Espíritu Santo, la promesa del Señor. Por fin, al llegar la fiesta de Pentecostés, «de repente vino del cielo un estruendo como de un viento recio que soplaba, el cual llenó toda la casa donde estaban sentados; y se les aparecieron lenguas repartidas, como de fuego, asentándose sobre cada uno de ellos» (Hechos 2:2,3).

Vemos aquí que el Espíritu Santo enviado por Jesús, apareció también en medio del fuego. Es evidente que Dios obra entre las llamas del Espíritu Santo.

En segundo lugar, el fuego quema todo lo indeseable. El método más perfecto de purificación que conoce la humanidad consiste en usar el fuego. Así se queman todas las cosas sucias y repugnantes.

Cuando el Espíritu Santo habita en nuestra vida, consume el pecado que hay en nosotros (vea Hebreos 12:29; Jeremías 23:29). No es posible llevar una vida santa y justa, a menos que se realice en nuestro corazón esta obra consumidora.

En tercer lugar, el fuego nos provee de la luz que aumenta la esfera y las horas de nuestra actividad. La civilización humana ha sido llamada «la civilización de la luz». Si fuera posible sostener la vida sin la luz del sol, ¿se puede imaginar con cuánta furia se resistiría la gente a su ausencia? ¡Con cuánta diligencia busca el ser humano el fuego que ilumina el mundo físico, mientras que permanece indiferente al fuego del Espíritu Santo, que resplandece en el alma eterna! El Espíritu Santo entra en nuestro corazón, entenebrecido por el pecado y la muerte, y al derramar su luz divina que procede del cielo, nos ayuda a comprender la vida eterna y a ver los secretos celestiales.

En cuarto lugar, el Espíritu Santo tiene como símbolo al fuego, porque nos da un celo sobrenatural. Cuando él se apodera de nuestro corazón, el amor del Señor y el entusiasmo por la obra del evangelio arden como llama en nuestro espíritu.

En quinto lugar, el fuego es símbolo de poder. El poder motor que impulsa nuestra civilización se obtiene primariamente por medio de la combustión. Los aviones supersónicos, los camiones, los trenes; todos nos proporcionan comodidad y facilidad de vida mediante el poder de una chispa, de un fuego.

Así también, el Espíritu Santo nos proporciona el poder del cielo, que necesitamos con mucha urgencia para nuestra vida personal de fe, y para el ministerio de la predicación del evangelio.

Es aventurado tratar de comenzar la obra del evangelio sin recibir el poder divino que nos proporciona el fuego del Espíritu Santo.

EL VIENTO

«El viento sopla de donde quiere, y oyes su sonido; mas ni sabes de dónde viene, ni a dónde va; así es todo aquel que es nacido del Espíritu» (Juan 3:8).

En griego se utiliza la misma palabra, *pneuma,* para hablar del viento y del Espíritu. Por consiguiente, si tradujéramos literalmente, el Espíritu

Santo sería «el Viento Santo». Hay mucha gracia del Señor en esta metáfora sobre el Espíritu Santo. ¿Por qué digo esto?

En primer lugar, porque el viento existe en todos los lugares de la tierra, y lo invade todo. El aire que respiramos se halla en toda vasija vacía, y en todo lugar, por pequeño que sea. Jesús dijo que el Espíritu Santo estaría con nosotros para siempre; no hay lugar en la tierra donde no esté presente. Obra en toda la tierra, de manera que nadie puede ni monopolizarlo, ni resistírsele. Como explica la Biblia, no quedamos abandonados como huérfanos cuando reconocemos al Espíritu Santo, le damos la bienvenida, lo invitamos y ponemos nuestra seguridad en él (vea Juan 14:18).

En segundo lugar, porque el viento es el aire en continuo movimiento. Sentimos que el viento se mueve, cuando el aire corre de lugares de alta presión atmosférica a lugares de baja presión, según los esquemas del tiempo. De igual manera, el Espíritu Santo está obrando de continuo. No es cierto que haya obrado en los días del Antiguo Testamento y al principio del Nuevo, para después desvanecerse como una neblina. De la misma forma que el viento sopla hoy como lo hacía hace siglos, el Espíritu Santo sigue obrando continuamente.

El Espíritu Santo se mueve hacia las zonas de «baja presión atmosférica»: pecado, enfermedad, angustia y desesperación, y siempre está listo para obrar con el gozoso mensaje del perdón, la sanidad y la vida eterna. Todos los que acudan al Señor con un corazón penitente y obediente, experimentarán en sí mismos la labor regeneradora del Espíritu Santo.

En tercer lugar, porque no podemos controlar a nuestro antojo la dirección del viento. Jesús dijo que el viento sopla como quiere (vea Juan 3:8). Puesto que la voluntad del Espíritu Santo es suprema, y él obra de acuerdo con sus propios propósitos, debemos seguir obedientemente sus indicaciones mientras caminamos por fe.

En cuarto lugar, porque cuando sopla el viento, convierte el aire sofocante y viciado en fresco y lleno de vitalidad. ¡Qué alivio tan maravilloso sentimos cuando sopla el viento fresco en un día caluroso y sofocante de verano! Cuando el viento sopla dentro de una habitación llena de gas tóxico, hace que toda la atmosfera se refresque y purifique.

Así sucede con la obra del Espíritu Santo. Cuando las ansiedades de la vida y las tentaciones de pecado nos hacen sentir deprimidos y carentes de energía, el Espíritu Santo llega a nuestro corazón como el viento, con la nueva vida y la energía del cielo. Al derramarlas sobre nuestro espíritu, nos llena del gozo de vivir, y del celo de la fe.

EL ACEITE

«Y Samuel tomó el cuerno del aceite, y lo ungió en medio de sus hermanos; y desde aquel día en adelante el Espíritu de Jehová vino sobre David»

(1 Samuel 16:13). «La unción que vosotros recibisteis de él permanece en vosotros» (1 Juan 2:27).

A lo largo del Antiguo Testamento y del Nuevo, el aceite simboliza al Espíritu Santo. Este símbolo también nos puede enseñar algunas cosas sobre su obra.

Primeramente, los lugares y las personas ungidos son santos, apartados para Dios. Él le ordenó a Moisés que santificara el tabernáculo de reunión, el área del testimonio, todos los instrumentos y el altar, ungiéndolos con aceite (vea Éxodo 30:25-29). Moisés ungió también a Aarón y a sus hijos, consagrándolos para que pudieran ministrar ante Dios en el oficio sacerdotal (vea Éxodo 30:30). Dios le indicó a Samuel que ungiera rey a David (vea 1 Samuel 16:13), y Elías ungió como profeta a Eliseo (vea 1 Reyes 19:16).

Hoy, Dios hace de los que creen en el Señor Jesucristo una generación escogida, sacerdocio real, nación santa y pueblo peculiar suyo, por la unción del Espíritu Santo (vea 1 Pedro 2:9). Nadie puede recibir una gracia así sin haber recibido poder de él.

Hemos nacido de nuevo, del Espíritu Santo, y hemos obtenido el oficio de profeta, por medio del cual predicamos la Palabra. Un día reinaremos con Cristo, ungidos por el Espíritu Santo. ¿Qué otra cosa podemos hacer, más que darle gracias a Dios?

En segundo lugar, el aceite era necesario para que tuviera luz el candelero de los siete brazos en el tabernáculo de Dios. En el santuario del Antiguo Testamento, la única luz procedía de aquel candelero de oro, y del aceite que ardía en él. De igual manera, solo por medio de la brillante luz que arroja el Espíritu Santo en la unción, se nos podrá revelar el mundo espiritual.

Así como no se permitía ninguna otra luz para iluminar el lugar santo, solo la luz que procede del aceite del Espíritu Santo puede iluminar la Palabra de Dios; el secreto del lugar santo celestial.

En tercer lugar, el aceite evita el desgaste y la rotura, al aliviar la fricción entre piezas movibles. ¿Cómo podemos lubricar al espíritu humano, tenso y desgarrado por discordias sin fin? ¿Por qué hasta las mismas iglesias y los cristianos tenemos que ser tan incómodos? Porque no hemos sido ungidos por el Espíritu Santo. El aceite lubricante de la paz, el amor y la sanidad aparece solo cuando estamos llenos del Espíritu Santo.

En cuarto lugar, el aceite es un ingrediente necesario en la conservación de la vida. ¿Por qué se ha secado el Espíritu de algunos creyentes, como los huesos del valle en la visión de Ezequiel? ¿Por qué se ha vuelto la iglesia tan desnutrida, tanto en calidad como en cantidad?

Porque no han recibido el aceite del Espíritu Santo, la nutrición indispensable para nuestro Espíritu. La historia y la realidad demuestran claramente que tanto las iglesias como los creyentes llenos del Espíritu Santo se hallan bien alimentados espiritualmente. Así era en el pasado, y siempre será así.

LA LLUVIA

«Descenderá como la lluvia sobre la hierba cortada; como el rocío que destila sobre la tierra» (Salmo 72:6). «Y conoceremos, y proseguiremos en conocer a Jehová; como el alba está dispuesta su salida, y vendrá a nosotros como la lluvia, como la lluvia tardía y temprana a la tierra» (Oseas 6:3).

Hay dos razones claras para esta metáfora del Espíritu Santo como lluvia. Pensemos en la tierra: no puede dar fruto alguno, ni sostener ningún tipo de vida, a menos que reciba lluvia. En los tiempos de Elías, el profeta del Antiguo Testamento, cuando todas las hierbas y los árboles estaban quemados, y moría la vegetación, Elías oró fervientemente para que lloviera. Así fue, y la tierra produjo fruto. De igual forma, como la tierra solo puede dar fruto y conservar la vida cuando recibe lluvia, también solo puede revivir espiritualmente una persona para dar fruto espiritual y conservar una vida espiritual poderosa, cuando reciba la lluvia del Espíritu Santo.

La segunda razón por la que se simboliza al Espíritu Santo con la lluvia que riega la tierra es algo más compleja. En Palestina, los campesinos esperan la lluvia dos veces durante cada campaña agrícola. La primera lluvia cae a fines del otoño, y se le llama «la lluvia temprana». Cuando llega la lluvia temprana, los campesinos se apresuran a sembrar el trigo o la cebada, que absorben la humedad de esa lluvia. La semilla germina y crece, pero durante el frío invierno, apenas permanece con vida. Cuando vuelve la primavera, soplan vientos calientes del sureste, y cae de nuevo la lluvia, dando nueva vida. Los campesinos de Palestina llaman «lluvia tardía» a esta lluvia primaveral. Después que las plantas la absorben, los sembrados crecen rápidamente hasta el momento de la cosecha.

En la carta de Santiago se menciona este ciclo natural en relación con el Espíritu Santo. «Por tanto, hermanos, tened paciencia hasta la venida del Señor. Mirad cómo el labrador espera el precioso fruto de la tierra, aguardando con paciencia hasta que reciba la lluvia temprana y la tardía» (5:7).

Cuando vino a la tierra el Señor Jesús, sembró la semilla del evangelio. Diez días después de su ascensión, en el día de Pentecostés, ciento veinte creyentes que habían recibido esta semilla se hallaban reunidos en Jerusalén. Cuando estaban orando, un sonido procedente del cielo, como de viento recio, lleno la casa donde estaban reunidos. Unas lenguas repartidas de fuego se colocaron sobre cada uno de ellos, y fueron llenos del Espíritu Santo. En aquel momento comenzó a existir la iglesia de Jesucristo. Esta «lluvia tardía» del Espíritu Santo fue derramada después en Samaria y en un culto de adoración en el hogar de Cornelio, así como sobre los creyentes de Éfeso. Con la vida y el poder del Espíritu, se levantaron una tras otra las iglesias de Jesucristo en distintos lugares, y se predicó vigorosamente la Palabra de vida. Esta obra del Espíritu Santo, la lluvia temprana, fue derramada en abundancia hasta el año 300, aproximadamente. Después comenzó a disminuir, y sobre el año 600, la obra del Espíritu Santo llegó a cesar casi por completo. La iglesia se volvió ritualista, y se impuso el duro invierno de la fe. Así fue como la iglesia pasó por su era más tenebrosa.

Durante la Reforma del siglo XVI, y gracias a los esfuerzos de hombres como Martín Lutero, revivió la obra del Espíritu Santo. A partir de entonces, gracias a fieles siervos del Señor, como Juan Wesley, Jorge Whitefield, Carlos Finney y Dwight Moody, reapareció la gran obra del Espíritu Santo. Alrededor del año 1900, todo el mundo comenzó de nuevo a recibirlo.

Ahora que la iglesia ha recibido al Espíritu Santo en esta abundante «lluvia tardía», estamos presenciando su obra, tal como lo hizo la iglesia al principio. Aunque haya quienes no comprendan la obra de Dios en el presente y se opongan a este movimiento del Espíritu Santo, nadie puede detener la obra y la voluntad de Dios; su obra se llevará a cabo sin falta. A nosotros solo nos queda darle gracias, alabanza y honra al Dios que restaura en nosotros el poder de principios de la iglesia, al derramar la lluvia tardía del Espíritu Santo.

Cuando se me invitó a asistir a la Octava Conferencia Pentecostal Mundial en Río de Janeiro, Brasil, tuve oportunidad de admirar la maravillosa obra del Espíritu Santo. En aquel país donde las ceremonias y los ritos religiosos se hallan muy enraizados, se afirma que son por lo menos tres millones de personas las que han recibido al Espíritu Santo según lo que describe Hechos 2:4.

Ahora, antes de la Segunda Venida del Señor Jesús, el Espíritu Santo está despertando una vez más a la iglesia en todo el mundo, y derramando su gracia; liberando a las almas por medio de la fe en Jesucristo. Debemos darnos cuenta de que es este el momento oportuno para revitalizar nuestra fe recibiendo la lluvia tardía del Espíritu Santo, y orar fervientemente para recibirla.

LA PALOMA

«También dió Juan testimonio, diciendo: Ví al Espíritu que descendía del cielo como paloma, y permaneció sobre él» (Juan 1:32).

Este versículo describe la ocasión más prominente en que se simboliza al Espíritu Santo con una paloma: cuando Juan el Bautista bautizó a Jesús en el río Jordan. Cuando se abrieron los cielos, el Espíritu de Dios descendió como una paloma y permaneció sobre Jesús. La metáfora de la paloma como símbolo del Espíritu Santo tiene un profundo significado.

En primer lugar, en todo el mundo se conoce a la paloma como símbolo de la paz. En Génesis, cuando Dios destruyó toda carne por medio del diluvio, Noé y los siete miembros de su familia hallaron gracia ante los ojos divinos, y se salvaron en el arca. Cuarenta días después de detenerse el arca sobre el monte Ararat, Noé soltó una paloma por la ventana, para ver si habían bajado las aguas. La paloma regresó, y se nos cuenta en Génesis 8: «Esperó [Noé] aun otros siete días, y volvió a enviar la paloma fuera del arca. Y la paloma volvió a él a la hora de la tarde; y he aquí que traía una hoja de olivo en el pico; y entendió Noé que las aguas se habían retirado de sobre la tierra» (vv. 10,11).

La primera evidencia que mostraba que había regresado la paz a la tierra, y que habían pasado el juicio y la ira de Dios, la proporcionó una paloma.

Esto simboliza de una manera muy hermosa la presencia del Espíritu Santo, que nunca viene a los espíritus humanos que se hallan bajo el juicio y la ira de Dios. Jesucristo nos redimió por su muerte en la cruz, pagando así la ira y el juicio de Dios. Cuando confesamos nuestros pecados y aceptamos a Jesús como Salvador nuestro, el Espíritu Santo viene a nosotros, porque tenemos la prueba redentora de la sangre preciosa. Entonces nos hace sentir el gozo de saber que no venimos «a condenación, más pasamos de muerte a vida» (Juan 5:24) y «tenemos paz para con Dios» (Romanos 5:1).

¡Eso no es todo! A los que en su pecado caminan hacia el infierno, en enemistad y desobediencia hacia Dios, el Espíritu Santo se mantiene predicándoles el evangelio reconciliador de la paz. Lo más importante de cuanto pueda decidir nadie hoy es si escoge entre recibir la salvación y la paz, la gozosa noticia que el Espíritu Santo nos trae al corazón, o ser destruido.

La paloma es también símbolo de mansedumbre y humildad, atributos del Espíritu Santo que él nos infunde a nosotros. Siempre me deja perplejo el ver gente que afirma haber sido bautizada en el Espíritu y sin embargo actúa y habla de manera ofensiva. Algunos se comportan como si los hubiera atrapado un Espíritu de maldad. En cambio, la evidencia de que el Espíritu Santo se halla presente es un Espíritu manso y humilde.

También se conoce a la paloma como una criatura pura e inofensiva. No mata a otros animales, como el gato o el águila. En correspondencia con esto, observemos que el Espíritu Santo es un Espíritu *Santo*.

Los parientes cercanos de las personas acosadas por los espíritus malignos me los traen con frecuencia a la oficina, pidiéndome que discierna el estado espiritual de esos seres amados suyos. Mientras hablo con esas personas que sufren, todas sin excepción confiesan que salen de ellas inmoralidad, pensamientos erróneos y lenguaje abusivo en contra de su voluntad. Estas son las obras del diablo. Esas personas necesitan decidirse a apoyarse firmemente en la Palabra de verdad y luchar continuamente contra Satanás hasta expulsarlo de su vida, confiados en el poder purificador de la preciosa sangre de Jesús. Si no lo hacen, con toda seguridad terminarán siendo unos incapacitados mentales. Afortunadamente, les puedo decir a quienes se preocupan por esto que la preciosa sangre del Cordero y el poder de la Palabra de Dios los pueden liberar de una manera perfecta.

El Espíritu Santo es siempre un Espíritu *santo*. Puesto que no puede haber maldad en él, nunca nos debemos permitir cambio alguno en nosotros que no nos acerque a la santidad. Por supuesto, no nos hacemos santos de manera instantánea al creer y recibir al Espíritu. Cuando esto sucede, recibimos poder para crecer en santidad, además de una sensibilidad que nos hace sentir culpables cuando pecamos. Si le hacemos caso, nuestra vida solo podrá mejorar.

El Espíritu Santo no ha venido a morder, desgarrar y matar, sino a salvar, sanar y vendar. Observe con cuidado la proclamación hecha por Jesús en la sinagoga de Nazaret con respecto a lo que él haría ayudado por el Espíritu Santo: «El Espíritu del Señor está sobre mí, por cuanto me ha ungido para dar buenas nuevas a los pobres; me ha enviado a sanar a los quebrantados de corazón; a pregonar libertad a los cautivos, y vista a los ciegos; a poner en libertad a los oprimidos; a predicar el año agradable del Señor» (Lucas 4:18,19).

La cuarta razón por la que la paloma simboliza al Espíritu Santo, es que es fácil contristarle: la traición del ser humano apaga las obras del Espíritu Santo. La paloma es uno de los animales que se asustan con mayor facilidad. Si la molestamos una o dos veces, se alejará del lugar para siempre. Para vivir en armonía con el Espíritu Santo, que está en nuestro corazón, debemos tener gran cuidado de mantener una actitud reverente hacia él, sin entristecerle nunca. Efesios 4:30 nos advierte: «No contristéis al Espíritu Santo de Dios». Si nos oponemos continuamente al Espíritu Santo, él nos dejará, tal como lo hace la paloma. ¡Qué situación tan terrible y espantosa! Al arrepentirse después de su pecado, David oró fervientemente, llorando ante Dios: «No me eches de delante de ti, y no quites de mí tu santo Espíritu» (Salmo 51:11).

El Espíritu Santo que descendió sobre Jesús bajo en forma de una hermosa paloma, y permaneció sobre él, desciende hoy sobre nosotros, ansioso por llenar nuestro corazón.

EL VINO

«No os embriaguéis con vino, en lo cual hay disolución; antes bien sed llenos del Espíritu» (Efesios 5:18). «Y estaban todos atónitos y perplejos, diciéndose unos a otros: ¿Qué quiere decir esto? Más otros, burlándose, decían: Están llenos de mosto» (Hechos 2:12,13).

La Biblia contrasta, o en algunos casos compara, la plenitud del Espíritu Santo con la embriaguez. Los que han experimentado esta plenitud saben muy bien lo que esto significa.

Como el vino, la plenitud del Espíritu Santo produce alegría y gozo en el corazón. En cambio, aunque las consecuencias de que se beba vino son el daño físico y la disipación, la plenitud del Espíritu produce gozo espiritual, y termina dando placer celestial. La vida llena del Espíritu tiene unas consecuencias maravillosamente beneficiosas: «Hablando entre vosotros con salmos, con himnos y cánticos espirituales, cantando y alabando al Señor en vuestros corazones; dando siempre gracias por todo al Dios y Padre, en el nombre de nuestro Señor Jesucristo. Someteos unos a otros en el temor de Dios» (Efesios 5:19-21). La plenitud del Espíritu también nos hace fuertes en la fe y nos ayuda a servir a Dios, no con una emoción temporal, sino con un gozo permanente.

El vino hace que la persona parezca alegre, y también produce paz mental por un poco de tiempo. Hace olvidar las ansiedades, las preocupaciones y las tristezas, pero no es un estado normal, sino una embriaguez. El vino que es el Espíritu Santo no anestesia; produce el estado más normal de paz desbordante, permitiéndonos echar a un lado las ansiedades, preocupaciones y angustias mundanas, tal como era la intención de nuestro Creador.

Un tercer efecto del vino es que da una osadía inusitada que hace que la persona realice acciones arrogantes y carentes de control. La vida llena del Espíritu Santo es también una vida llena de osadía. El Espíritu Santo puede hasta transformar a una persona tímida y retraída en alguien que no tiene miedo de dar hasta la vida misma. La osadía que acompaña a la plenitud del Espíritu nos capacita para amar la verdad y la justicia, para ser mansos y humildes y para predicar el evangelio con autoridad. La plenitud del Espíritu nos hace valientes para vencer al pecado y llevar una vida triunfante.

Por último, es frecuente que las personas que se embriagan no sientan el dolor físico, porque tienen los sentidos anestesiados. En cierta ocasión vi a un soldado extranjero totalmente ebrio aferrado a un amasijo de alambres. Ni siquiera se daba cuenta de que le sangraban las manos por estar tocando aquellos alambres de púas que se las estaban desgarrando. El Espíritu Santo no anestesia los sentidos físicos, pero el poder de su amor y su fortaleza para conservarnos es capaz de aislarnos de los golpes personales y espirituales. El Espíritu Santo nos da fortaleza para permanecer firmes.

EL SELLO

«En él [Cristo] también vosotros, habiendo oído la palabra de verdad, el evangelio de vuestra salvación, y habiendo creído en él, fuisteis sellados con el Espíritu Santo de la promesa» (Efesios 1:13).

¡Qué maravilloso es que se compare la recepción inicial del Espíritu Santo con el ser sellado, porque así es como entramos en posesión de nuestra salvación! Pensemos por un momento en el significado simbólico que tiene la metáfora del sello.

En primer lugar, sellar significa poner una marca sobre algo para evitar que sea abierto por alguien no autorizado. En otras palabras, si algo está sellado, nadie puede tocarlo sin permiso. Cuando Pilato selló la piedra que cerraba la tumba de Jesús, quitar aquella piedra sin permiso de él era algo que se podía castigar con la muerte. Así que, si somos sellados con la sangre de Jesús, Dios impide que caigamos en pecado por el poder del Espíritu Santo.

Por consiguiente, los creyentes, que hemos sido sellados con el Espíritu Santo y nos apoyamos en su poder, tenemos el deber de santificar nuestra mente y nuestra vida, a fin de derrotar al pecado y al diablo.

En segundo lugar, el sello es señal de propiedad especial, algo que experimentamos a diario. Pensémoslo así: nadie puede sacar del banco mi dinero sin mi sello o firma. Si les pongo mi sello a mis posesiones, todo el mundo sabrá que aquellas cosas valiosas son mías. Todo aquel que trate de hacer caso omiso del sello y se apodere de ellas, irá contra mis derechos de propietario y sufrirá serias consecuencias legales.

De igual forma, Dios prueba que los suyos son realmente suyos al sellarlos con su Espíritu Santo. Si alguien se atreve a oponerse al pueblo ungido de Dios, o hacerle daño, esa persona va contra la propiedad de Dios, y atrae sobre sí la ira divina. Cuando los que han sido sellados por el Espíritu Santo se humillan, obedecen la voluntad de Dios y viven para su gloria, el Señor de los cielos y la tierra se convierte en su protector y refugio.

En tercer lugar, el sello es símbolo de autoridad. Aquí en Corea todos tienen la obligación de tener un certificado de residentes. Si este certificado no tiene un sello oficial, no sirve para nada: carece de autoridad.

Los creyentes tenemos autoridad por ser hijos de Dios. Mientras los discípulos estaban con Jesús, obraban muchas señales y prodigios y actuaban con autoridad y poder. Después de subir Jesús a los cielos, se sintieron derrotados y angustiosamente incompetentes, hasta que quedaron llenos del Espíritu Santo. Les hizo falta algo más que el sello inicial. Entonces, de pronto, comenzaron a tener gran autoridad en sus palabras. El poder seguía a aquellas palabras y oraciones, dándoles valor y osadía. Como consecuencia de aquella autoridad recibida de Dios, su fe en la autoridad divina floreció.

LAS ARRAS

«Y el que nos confirma con vosotros en Cristo, y el que nos ungió, es Dios, el cual también nos ha sellado, y nos ha dado las arras del Espíritu en nuestros corazones» (2 Corintios 1:21,22).

Comprendamos ahora la maravillosa bendición del Espíritu Santo al estudiar el significado pleno de una garantía, puesto que esto es lo que significa la palabra «arras».

En primer lugar, pensemos en las situaciones de garantía más comunes y corrientes. Por ejemplo, la persona que se convierte en garante se hace responsable de la conducta o las deudas de aquel a quien garantiza. La responsabilidad del garante es algo muy serio.

Podemos creer firmemente que somos salvos, y sin embargo Satanás seguirá lanzándonos al corazón sin cesar dardos de aprehensión y duda. Trata también de engañarnos con muchas mentiras sutiles: «¿Te crees de verdad que existe el cielo? ¡Olvídate de esos pensamientos tan tontos! Tener fe es tener religión, y en cuanto a religiones, no importa cuál escojas, porque todas son iguales».

En momentos así, de no ser por el Espíritu Santo, que garantiza la validez del evangelio de Jesús, nuestro Espíritu caería; al final fracasaríamos, carentes de fe. En cambio, cuando estamos llenos del Espíritu Santo, y él se dedica continuamente a garantizarnos la veracidad de la Palabra y asegurarnos en ella, todos los dardos de Satanás terminan por ser detenidos. Así es como el Espíritu Santo permanece con nosotros como seguridad nuestra, ayudándonos a creer sin género alguno de dudas que Dios es real y que Jesús es nuestro Salvador. ¡Aleluya!

En segundo lugar, cuando compramos algo a plazos mensuales en una tienda, o firmamos un contrato para comprar una casa o un terreno, aseguramos nuestro acuerdo al hacer el pago inicial. Si cumplo con mi obligación dentro de cierto período de tiempo, sé que terminaré poseyendo la propiedad.

El cielo es así. Ser salvos por fe y sellados por el Espíritu Santo es nuestra garantía. Mientras estemos en esta tierra, debemos vivir fervientemente por medio de la fe y la obediencia, de acuerdo con la Palabra de Dios. De no ser así, aquel pago inicial, o arras, quedará anulado. Debemos tener cuidado, no vaya a ser que perdamos la maravillosa libertad que habíamos recibido, a base de ofender a Dios y caer en pecado. Si caminamos en fe, sobrios y vigilantes, el Espíritu Santo nos hará desbordar de gozo y esperanza. Nos dará aliento continuamente, haciéndonos entender que el cielo es nuestro, y esto será las arras de nuestra herencia, en posesión de la cual entraremos algún día.

En tercer lugar, la garantía tiene un simbolismo interesante en el proceso de regateo tradicional en el Medio Oriente. Cuando alguien hacía un contrato para comprarle a otro un terreno, el comprador volvía a su casa con un gran saco lleno de tierra del terreno que estaba tratando de comprar. Colocaba aquella tierra en un rincón de la casa, y cuando la miraba, olía y tocaba, sentía la seguridad de que había comprado la tierra. El saco de tierra era su garantía.

¿Cuál es el paralelismo espiritual en esto? El Espíritu Santo es nuestra garantía del cielo. Aún no hemos ido allí en persona para tomar posesión de él y disfrutarlo, pero en el Espíritu Santo se nos ha dejado probarlo.

¿Cómo es el cielo? Mientras andamos por los senderos de la vida, no vivimos en una simple imaginación inacabable acerca de él. Aún ahora, poseemos en el corazón parte de ese cielo. Dios nos permite disfrutar por adelantado un pequeño anticipo del gozo, la paz y el descanso eterno del cielo, enviando su Espíritu al nuestro para satisfacer esos deseos. ¡Qué amor tan maravilloso es este!

Al recibir este anticipo del cielo, suspiramos más ardientemente por él, y por consiguiente, nos dedicamos con mayor fervor a la vida de fe, a fin de obtenerlo.

4

LOS NO CREYENTES Y EL ESPÍRITU SANTO

La Biblia describe el estado espiritual de los no creyentes como humanos «muertos en [...] delitos y pecados» (Efesios 2:1). Esto no quiere decir que los no creyentes no tengan alma, sino que su alma está tan alejada del cielo y de la vida de Dios, que son insensibles a Dios y a su reino. Si permanecen en este estado, cuando mueran físicamente su alma caerá al infierno, que se halla completamente separado del cielo y de Dios.

¿Cómo podremos hacer que estas almas que se hallan tan endurecidas, «muertas en delitos y pecados», se den cuenta de esos pecados y acepten la vida eterna que Dios les ofrece? Hay alguien que realiza esta obra incesantemente entre los no creyentes. Ese alguien es nada menos que el Espíritu Santo mismo. La Biblia enseña: «Cosas que ojo no vio, ni oído oyó, ni han subido en corazón de hombre, son las que Dios ha preparado para los que le aman. Pero Dios nos las reveló a nosotros por el Espíritu» (1 Corintios 2:9,10).

En otras palabras, los no creyentes no son capaces de comprender la salvación de Dios por medio de sus cinco sentidos, o de su razón. Solo gracias al poder de la revelación interna podrán recibir la luz de la comprensión relacionada con la salvación.

¿Cómo obra el Espíritu Santo cuando se acerca a los no creyentes? Acerca de esto, es Jesús mismo quien nos da una buena explicación en Juan 16:8, cuando dice que el Espíritu Santo «convencerá al mundo de pecado».

CONVENCE AL MUNDO DE PECADO

Todas las personas han nacido con una naturaleza pecadora. El Salmo 51:5 dice: «He aquí, en maldad he sido formado, y en pecado me concibió mi madre».

Habrá quien pregunte: «¿Y eso, qué tiene que ver conmigo?» Cuando pensamos en el significado original del *pecado,* descubrimos que nos hallamos en una situación aterrorizadora. Comprendemos que nos es imposible sostener que no tenemos relación alguna con él.

La gente suele llamar a algo pecado o falta de justicia cuando ve evidencias externas de pecado. Sin embargo, el pecado se halla enraizado en
lugares más profundos que los puestos de manifiesto por actos concretos.
La Biblia señala cómo y por qué el hombre no puede dejar de producir
frutos pecaminosos.

El estado pecaminoso de la persona comprende la separación de
Dios. Este estado, llamado pecado original, lo llevamos de manera corpora-
tiva: «El pecado entró en el mundo por un hombre, y por el pecado la
muerte» (Romanos 5:12) «Por la transgresión de aquel uno murieron los
muchos» (Romanos 5:15).

Adán desobedeció a Dios y fue echado de su presencia; fue en este
estado en el que Adán engendró a la humanidad. Como consecuencia,
todos sus descendientes, sin poder objetar, nacen en un estado de separación
con respecto a Dios.

Tomemos un ejemplo más familiar. Supongamos que una pareja va exi-
liada a una isla solitaria, y allí la esposa da a luz a sus hijos. Esos hijos
no podían decidir dónde iban a nacer, tan lejos de la patria de origen.
Aunque decidieran culpar a su padre por el aislamiento en que nacieron,
las circunstancias no cambiarían. Sencillamente, así es como sucedieron
las cosas.

Así es como han nacido los descendientes de Adán en el estado pecaminoso de este, alejados de la presencia de Dios y sometidos a la sentencia
de muerte que pesó sobre el primer hombre. La persona que abandonó
al Dios de toda justicia, bondad y vida, solo pudo engendrar injusticia y
delito. En esta situación de abandono, la humanidad moriría para ir al
infierno. Sin embargo, es en esa situación en la que hacen su aparición
el gran amor y la misericordia de Dios; él nos liberó por medio de nuestro
Señor Jesucristo.

Nacido de María virgen, Jesús vino a este mundo sin pecado original.
Llevó una vida en la que no hubo pecado ni culpa. Al ser la persona sin
pecado, se convirtió en el sustituto perfecto de los pecadores. Por ser la
persona justa, fue crucificado por los injustos, y después de tres días se
levantó de entre los muertos. Con su muerte pagó todo el precio de nuestro pecado original y de nuestros pecados personales. ¿Qué significa esto?
Que todos cuantos crean en él y reciban la gracia de la salvación, reciben la
vida eterna. Dejan de estar separados de Dios.

Desde la resurrección de Jesús, el hombre no muere eternamente por
sus propios actos de pecado, ni por el pecado original. Si es destruido,
lo es por no aceptar la salvación que tiene en Jesucristo. Debido a esto,
nunca será suficiente cuanto se insista en la urgencia con la que se debe
predicar el mensaje del evangelio.

¿Cómo podemos despertar al alma muerta e insensible para que reciba este gran mensaje del evangelio? ¿Quién puede convencer a los pecadores que con frecuencia no se dan cuenta de lo desesperada que es su situación, del peligro que se cierne sobre ellos, e impulsarlos a huir rumbo al refugio de la salvación?

Los seres humanos nunca podrían hacer nada de esto, pero Dios prometió realizar esta obra enviando al Espíritu Santo, quien la está llevando a cabo por todo el mundo a través de la proclamación del evangelio por la iglesia. Solo nos queda alabarle con todo el corazón.

CONVENCE AL MUNDO DE JUSTICIA

El Espíritu Santo también «convencerá al mundo [...] de justicia [...] por cuanto voy al Padre, y no me veréis más» (Juan 16:8,10).

¿Qué es la justicia? Cuando los que viven fuera de la fe de Cristo escuchan la palabra *justicia,* generalmente piensan en una forma de conducta humana. Cuando una persona hace algo legal o moralmente impecable, se la llama justa.

En cambio, ¿qué les dice Dios a quienes comparecen ante su ley? «Todos pecaron, y están destituidos de la gloria de Dios» (Romanos 3:23). «Por las obras de la ley ningún ser humano será justificado delante de él; porque por medio de la ley es el conocimiento del pecado» (Romanos 3:20). Todo aquel que comparezca ante la ley de Dios queda como pecador. Por tanto, no solo están todos destituidos de la gloria de Dios, sino que no pueden impedir el ser echados de su presencia.

Entonces, ¿quién podrá comparecer ante el glorioso y radiante trono de Dios con una vida pura, totalmente libre de pecado? Puesto que somos todos descendientes de Adán, no podemos encontrar una persona así, con una excepción: Jesucristo, a quien el Espíritu Santo concibió en una virgen, María, y de quien ahora el mismo Espíritu da testimonio. Ahora bien, ¿cuál es la prueba de que este mismo Jesús haya llevado una vida completamente justa ante Dios?

Las evidencias son claras. Como observamos previamente, el apostol Pablo dijo: «Todos pecaron, y están destituidos de la gloria de Dios». Esto significa que no hay un solo pecador que reúna los requisitos necesarios para presentarse ante Dios.

En cambio, recordemos: Jesús afirmó que el Espíritu Santo convencería al mundo de justicia, por cuanto él iba al Padre y no lo verían más (vea Juan 16:10).

¿Se llegó a realizar esta afirmación de Jesús? Sí. Lo que él dijo que sucedería, sucedió.

Jesús murió crucificado, llevando sobre sí todos los pecados del mundo. Fue sepultado, y su tumba fue estrechamente asegurada por las manos de sus enemigos. A pesar de todo esto, resucitó de entre los muertos para ascender más tarde a los cielos, en presencia de testigos. Su cuerpo no fue hallado nunca, aunque hubo quienes lo buscaron.

Como evidencia más segura aún de todo esto, cincuenta días después de su resurrección, Jesús envío el don del Espíritu Santo a sus discípulos para que pudieran ver y oír con claridad.

Pedro dice acerca de esta experiencia: «A este Jesús resucitó Dios, de lo cual todos nosotros somos testigos. Así que, exaltado por la diestra de Dios, y habiendo recibido del Padre la promesa del Espíritu Santo, ha derramado esto que vosotros veis y oís» (Hechos 2:32,33).

Todos los humanos, fueran santos o pecadores, desde los comienzos de la historia de la humanidad, han terminado por morir y dejar detrás sus restos físicos, con la excepción de Enoc y Elías, quienes fueron llevados al cielo sin ver muerte, habiendo sido contados como justos debido a su fe. En cambio, la tumba vacía de Jesucristo da silencioso testimonio de que el vive, y ha regresado a su Padre.

¿Qué significa para nosotros la justicia de Jesús? Un pecador nunca podrá redimir los pecados de otro. Sin embargo, la muerte de Jesús sí redimió nuestros pecados. Permítame citar de nuevo Romanos 3:23, acompañado del versículo 24: «Por cuanto todos pecaron, y están destituidos de la gloria de Dios, siendo justificados gratuitamente por su gracia, mediante la redención que es en Cristo Jesús».

Observemos además las siguientes referencias a lo logrado con la muerte y resurrección de Jesús: «Al que no conoció pecado [Jesús], por nosotros [Dios] lo hizo pecado, para que nosotros fuésemos hechos justicia de Dios en él» (2 Corintios 5:21); «El cual [Jesús] fue entregado por nuestras transgresiones, y resucitado para nuestra justificación» (Romanos 4:25). Jesús pagó por completo todas las deudas de la humanidad en la cruz.

El Espíritu Santo testifica ahora que por medio de la fe en Jesús, *cualquiera* podrá ser contado como si nunca hubiera cometido un pecado. Eso quiere decir que podemos presentarnos ante la gloria de Dios sin una mancha de vergüenza, apoyados en los méritos de Jesús. ¡Qué gracia tan maravillosa, y qué bendición tan grande!

El Espíritu Santo trabaja sin cesar para convencer al mundo de esta verdad y esta gracia tan maravillosa, de manera que todos crean en el Salvador, Jesucristo, y sean salvos de la destrucción eterna que les sobreviene a quienes están alejados de él. No hay nadie que se pueda justificar ante Dios por medio de sus propias obras, sino que, a través de la gracia de la redención en Cristo, el don abundante de la justificación y la entrada en el glorioso reino de Dios ha quedado a disposición de todos.

CONVENCE AL MUNDO DE JUICIO

Jesús dijo también que el Espíritu Santo convencería al mundo «de juicio [...] por cuanto el príncipe de este mundo ha sido ya juzgado» (Juan 16:8,11). ¿Qué es este *juicio* del que habla la Biblia, y quién es el «príncipe de este mundo»? En Apocalipsis 12:9-11 dice:

> Y fue lanzado fuera el gran dragón, la serpiente antigua, que se llama diablo y Satanás, el cual engaña al mundo entero; fue arrojado a la tierra, y sus ángeles fueron arrojados con él. Entonces oí una gran voz en el cielo, que decía: Ahora ha venido la salvación, el poder, y el reino de nuestro Dios, y la autoridad de su Cristo; porque ha sido lanzado fuera el acusador de nuestros hermanos, el que los acusaba delante de nuestro Dios día y noche. Y ellos le han vencido por medio de la sangre del Cordero y de la palabra del testimonio de ellos, y menospreciaron sus vidas hasta la muerte.

Tal como lo presenta este pasaje, el «príncipe de este mundo» es «la serpiente antigua, que se llama diablo y Satanás», quien tentó a Adán en el Edén, usurpó su autoridad sobre el mundo y terminó engañando al mundo entero.

Originalmente, cuando Dios creó este mundo, les dio autoridad de gobierno a Adán y a Eva. En Génesis 1:26, cuando crea al hombre y la mujer, les dice: «Hagamos al hombre a nuestra imagen, conforme a nuestra semejanza; y señoree en los peces del mar, en las aves de los cielos, en las bestias, en toda la tierra, y en todo animal que se arrastra sobre la tierra». Como rey y reina, Adán y Eva fueron creados para reinar sobre el mundo y gobernarlo.

Entonces, ¿cuándo fue usurpada esa autoridad real y puesta en manos del diablo? Cuando Adán y Eva desobedecieron el mandato de Dios, escuchando las engañadoras palabras de la serpiente antigua. Como consecuencia de esta rendición de su voluntad al diablo, y por haberlo obedecido, la relación entre Adán y Dios quedó rota. No solo se convirtió en servidor del diablo, sino que se le entregó a sí mismo, y consigo, al territorio que Dios le había encomendado.

Desde aquellos tiempos, «el mundo entero está bajo el maligno» (1 Juan 5:19). También desde aquel momento, el diablo ha hecho un esfuerzo desesperado por oponerse a Dios e interferir en sus planes.

Cuando tentó a Jesús en el desierto, lo llevó a un monte alto, y en un instante le mostró todos los reinos del mundo. Entonces lo trató de engañar diciendo: «A ti te daré toda esta potestad, y la gloria de ellos; porque a mí me ha sido entregada, y a quien quiero la doy. Si tú postrado me adorares, todos serán tuyos» (Lucas 4:6,7).

En lugar de decir que los poderes de este mundo eran suyos desde el principio mismo, el diablo confesó que se le habían entregado. ¡Qué día tan trágico fue aquel!

Desde aquel día en que Satanás engañó a Adán y a Eva, sus frenéticos esfuerzos se han dirigido a robar, matar y destruir a la humanidad. En cambio, Dios se nos acercó por medio de Jesucristo para salvar al mundo.

La única forma posible de salvar a la raza humana, esclavizada como estaba al diablo, era que Dios preparara una vía para poder perdonar legalmente el pecado original, así como los pecados personales que cometieran los seres humanos. Ahora bien, puesto que la humanidad había decidido rebelarse contra Dios para someterse al diablo, es necesario que cada persona acepte esta liberación. Tanto usted como yo necesitamos decidirnos a recibir la buena noticia de que Dios nos ha perdonado, lo cual se hizo posible por medio de Jesucristo, su Hijo unigénito.

Gracias al sacrificio de Jesús, el hombre tiene el camino abierto para regresar a Dios y recibir la bendición del perdón y la gracia. ¡Aleluya! Si alguien le vuelve la espalda al diablo y escoge a Dios, lo salvará la desbordante gracia de Jesucristo, será restaurado como hijo de Dios y recuperará la autoridad perdida hace mucho tiempo.

Debido a la muerte de Jesús por nosotros, las engañosas trampas del diablo quedan descubiertas ante la cruz; el diablo ha ido a la ruina y ha sido juzgado. Ha perdido poder legal para poseer al hombre y al mundo. El diablo, que ha esclavizado a la raza humana, y le ha robado el mundo que Dios le había encomendado, ha sido juzgado por el amor de Dios revelado en la cruz.

Para el diablo, la cruz significa la derrota total; la destrucción y la ruina de sus planes con un juicio de condenación eterna. A través del sacrificio de Jesucristo, Dios ha abierto la vía legal para el perdón y la restauración de toda la raza humana, y el diablo es totalmente incapaz de cruzarse en el camino de los que regresan a Dios al escuchar la buena noticia de la salvación. Solo puede limitarse a observar en desvalida agonía.

Entonces, ¿por qué dijo Jesús que el Espíritu Santo convencería al mundo de juicio? Esta declaración tiene dos significados. En primer lugar, por medio del sacrificio de Jesús, Dios perdona la traición de la humanidad y declara réprobo al diablo, que esclavizaba a hombres y mujeres, usurpando todo el mundo que Dios les había entregado. En segundo lugar, es un conmovedor reproche de Dios a los humanos que, a pesar de la vía de salvación que ha preparado, siguen sin regresar a él, y continúan desechando el perdón que les ofrece gratuitamente. Si alguien persiste en esto, el diablo lo priva de todo su potencial, y terminará en el infierno.

Cada vez que hay alguien que oye el evangelio y es salvo de las manos del diablo, este sufre. Esto arruina su reino, por lo que no solo trata desesperadamente de impedir que la gente oiga este evangelio, sino también de seducir de nuevo a la destrucción a quienes ya han creído. Sin embargo, no triunfará. El perdón y el amor de la cruz no cambian, y el Espíritu Santo sigue esparciendo la noticia de que el diablo ha sido derrotado y juzgado.

Conociendo todo esto, debemos orar así: «Señor, llámame y lléname con el poder de tu Espíritu Santo. Envíame a predicar este evangelio hasta los confines de la tierra. Envíame a predicar que el príncipe de este mundo ya fue juzgado hace dos mil años, y que ha perdido su dominio sobre la humanidad».

Así que ahora, por medio del perdón que nos ha conseguido Jesús, los seres humanos podemos salir del territorio de Satanás, presentarnos de nuevo ante Dios y recuperar la autoridad real que él les había entregado a Adán y a Eva al principio. ¡Qué bendición tan maravillosa es esto para la humanidad, y qué juicio tan aplastante para el diablo!

Hablando de su muerte futura, Jesús dijo: «Ahora es el juicio de este mundo; ahora el príncipe de este mundo será echado fuera» (Juan 12:31). El diablo, quien consiguió entrar en el mundo por medio del pecado y la ignorancia, y lo ha dominado despiadadamente, va perdiendo terreno ahora mismo, momento tras momento. ¿Por qué? Porque son muchos los que están recibiendo la salvación después de oír el evangelio.

La cruz de Jesús fue el juicio total del diablo; el lugar donde su poder quedó quebrantado por completo. ¿Cómo podríamos hacer otra cosa más que alabar a nuestro Señor Jesús, que nos ha restaurado para que seamos un «linaje escogido», y un «real sacerdocio?» (1 Pedro 2:9) Tenemos que proclamar con el Espíritu Santo que el diablo ya ha sido juzgado.

REVELA EL PLAN DE SALVACIÓN

Los no creyentes que han sido convencidos de pecado, de justicia y de juicio, y que han sido guiados a toda la verdad, deben ahora apartarse de su vida llena de pecado para confiar en Jesús por la fe.

Con frecuencia, su entendimiento humano les dice que el caminar cristiano es demasiado difícil. Ven un golfo que les parece imposible de cruzar. Los que interpretan el evangelio solo con la razón humana caen en este profundo golfo, y lo cierto es que nunca pasan al otro lado de la fe.

¿Cómo puede un no creyente cruzar este golfo para entrar en la maravillosa bendición de la que disfrutamos los creyentes cuando meditamos en la Palabra y la predicamos? Recordemos las palabras de nuestro Señor Jesús: «Para los hombres es imposible, más para Dios, no» (Marcos 10:27).

Dios realizó con facilidad aquel milagro que era imposible para los hombres, y aún hoy sigue obrando milagros. La Biblia da testimonio del hecho de que la fe no puede ser poseída solamente por medios humanos: «Nadie puede llamar a Jesús Señor, sino por el Espíritu Santo» (1 Corintios 12:3).

¿Cómo obra el Espíritu Santo para permitirles a los no creyentes que acepten a Jesús como Salvador personal suyo? Debo admitir que solo obra a través de un milagro. El nuevo nacimiento es tan milagroso como la concepción de Jesús sin un padre carnal, y su nacimiento de María virgen. «Respondiendo el ángel, le dijo: El Espíritu Santo vendrá sobre ti, y el poder del Altísimo te cubrirá con su sombra; por lo cual también el Santo Ser que nacerá, será llamado Hijo de Dios» (Lucas 1:35).

La encarnación de Jesús es un auténtico milagro. Se necesita el mismo milagro para que Jesús entre al espíritu de una persona. Sin el poder sobrenatural del Espíritu Santo, nunca podríamos creer en su obra redentora y en su gracia, que desafían toda razón y todo entendimiento.

Cuando alguien confiesa que Jesús es su Salvador personal, quizá se produzcan señales inmediatas de cambio en el exterior, y quizá no. No obstante, el cambio que ha tenido lugar en lo espiritual es ciertamente gigantesco. El Espíritu Santo de Dios entra al espíritu de aquella persona y se mueve dentro de ella misteriosamente, más allá de cuanto podamos razonar o imaginarnos. Es el mismo Espíritu Santo quien derrama la fe divina, la fe de salvación, en el corazón de esa persona.

Aunque el cerebro de esa persona esté lleno de dudas e incertidumbre, el Espíritu Santo la ayuda a creer en su corazón. Brota de su interior el poder necesario para creer, y cruza con facilidad el golfo anteriormente imposible de cruzar que se halla entre la razón y la fe. Por el poder del Espíritu Santo, esa persona entra con seguridad en la bendición de la fe. Entonces estudia la Biblia, ora y escucha sermones, siempre con la ayuda del Espíritu Santo. El fundamento de su fe se fortalece y sistematiza, de manera que pueda entrar al resplandeciente mundo de la verdad, que entonces se puede explicar a la razón y al intelecto humano.

Una vez más, la fe para creer no se alcanza por medio de la comprensión y el conocimiento, sino por medio de un milagro del Espíritu Santo, cuando el hombre se siente conmovido en el corazón después de escuchar la Palabra de Dios. Posteriormente, cultivará una comprensión y un conocimiento razonables.

Tal como dijo Pablo, nadie puede llamar Señor a Jesús, sino por medio del Espíritu Santo. De igual forma, la predicación del evangelio es imposible sin compartir la tarea con él.

Hoy en día son muchas las iglesias que están perdiendo miembros, y los creyentes que se sienten atormentados por las dudas, porque el hombre trata de predicar el evangelio por medio del esfuerzo humano y de sus cálculos. Es imposible. Necesitamos al Espíritu Santo.

Cuando tratamos de conducir a los no creyentes hasta el Señor, debemos limitarnos a orar con fervor para que el Espíritu Santo nos brinde su milagrosa ayuda. Así nos convertiremos en instrumentos suyos, y le permitiremos que nos use para predicar con su plenitud.

Solo cuando hayamos hecho esto veremos con nuestros propios ojos bendiciones imposibles de imaginar. Entonces podremos ver, y veremos, como acuden en grandes cantidades los seres humanos a recibir la bendita palabra de fe.

5
LOS CREYENTES Y EL ESPÍRITU SANTO

Nadie puede llamarse salvo si no ha recibido en su corazón la Palabra de Dios y el sello del Espíritu Santo. Aun después de ser salvo, el ser humano no puede tener una vida de fe continuamente victoriosa, en permanente crecimiento, a menos que siga creciendo en la Palabra por medio del ministerio del Espíritu Santo.

Muchos creyentes tienen una vaga idea de que la salvación solo viene a nosotros cuando nacemos de nuevo al recibir el evangelio que alguien nos presenta en el poder del Espíritu Santo. Sin embargo, después de esto, tratan de continuar su vida de fe por medio de su propia fuerza de voluntad y sus esfuerzos humanos. Sufren una verdadera agonía, porque no hacen el bien que quieren hacer, y en cambio hacen el mal que no quisieran hacer. Al final, sus suspiros y gemidos son como los de Pablo: «¡Miserable de mí! ¿Quién me librará de este cuerpo de muerte?» (Romanos 7:24).

Nuestro Señor prometió una y otra vez que les enviaría a los creyentes el Consolador, el Espíritu Santo, «para que esté con vosotros para siempre» (Juan 14:16). El Espíritu vendrá para ayudarnos «en nuestra debilidad» (Romanos 8:26). Tal como lo prometió, siete semanas después de su resurrección, Jesús envío a la tierra al Consolador, al Espíritu Santo.

¿Cómo cuida el Espíritu Santo de los creyentes que han nacido de nuevo por medio de la Palabra y de él mismo?

NOS TRAE SANTIDAD Y NOS AYUDA EN NUESTRAS DEBILIDADES

«Y de igual manera el Espíritu nos ayuda en nuestra debilidad; pues qué hemos de pedir como conviene, no lo sabemos, pero el Espíritu mismo intercede por nosotros con gemidos indecibles» (Romanos 8:26).

Cualquier creyente admitirá que tiene que enfrentarse seriamente con el problema del pecado con verdadera agonía después de haber creído en el Señor Jesús. En el pasado, cuando éramos no creyentes, «vivimos [...] en los deseos de nuestra carne, haciendo la voluntad de la carne y de los pensamientos» (Efesios 2:3). Entonces no nos sentíamos culpables, aunque vivíamos en pecado. ¿Por qué? Porque el alma estaba muerta ante Dios. En cambio, cuando recibimos vida eterna, el pecado se convierte en un problema para nosotros.

Así llegamos a hacernos preguntas como estas: ¿Acaso no tengo más remedio que caer repetidamente en pecado, aun después de ser salvo? ¿Es que no tengo el poder necesario para vencer al pecado?

Romanos 7 y 8 tratan estos temas. En Romanos 6 se nos enseña acerca del cambio fundamental que se produce en una persona cuando cree en Jesucristo:

> ¿O no sabéis que todos los que hemos sido bautizados en Cristo Jesús, hemos sido bautizados en su muerte? Porque somos sepultados juntamente con él para muerte por el bautismo, a fin de que como Cristo resucitó de los muertos por la gloria del Padre, así también nosotros andemos en vida nueva. Porque si fuimos plantados juntamente con él en la semejanza de su muerte, así también lo seremos en la de su resurrección; sabiendo esto, que nuestro viejo hombre fue crucificado juntamente con él, para que el cuerpo del pecado sea destruido, a fin de que no sirvamos más al pecado. Porque el que ha muerto, ha sido justificado del pecado (Romanos 6:3-7).

¡Qué noticia tan bendita y maravillosa es esta! Sin embargo, la gente pregunta: ¿Qué debo hacer para experimentar esta bendición?

La respuesta es sencilla. Todos creemos y sabemos que hemos recibido la remisión de los pecados y la salvación por la gracia de Dios. ¿Qué significa esta gracia? La gracia significa que Dios obra personalmente a nuestro favor. Si tratáramos de salvarnos a nosotros mismos, o de ayudar a Dios a salvarnos, eso no sería gracia. Gracia quiere decir que recibimos por fe lo que Dios, por su parte, ha realizado a favor nuestro.

La persona que ha aceptado a Jesucristo como su Salvador personal es totalmente distinta a la que solo ha aceptado el sistema religioso del cristianismo, los ritos religiosos o unas normas de moral. Por medio de Cristo, la persona vieja ha sido crucificada, muerta. El hombre maldito, paria, corrupto y caído que se originó a partir del primer Adán ha sido sepultado. Por medio de Cristo y con Cristo, nuestro último Adán, ha surgido a la vida nueva una persona también nueva.

Esta verdad no termina como una teoría. Tan seguro como que yo nací a este mundo en la misma situación que el primer hijo de Adán, también Jesús, el Hijo de Dios, se encarnó en este mundo, donde vivió treinta y tres años. Tal como él fue crucificado, yo también fui crucificado y sepultado. Surgí de nuevo, como nueva criatura, por el poder de su resurrección. Todos cuantos creemos en Jesucristo lo hemos experimentado.

La Biblia nos ordena también que cambiemos de actitudes y de maneras de pensar: «Así también vosotros consideraos muertos al pecado, pero vivos para Dios en Cristo Jesús, Señor nuestro» (Romanos 6:11). Tenemos que creer que «si alguno está en Cristo, nueva criatura es» (2 Corintios 5:17).

Se preguntará por qué Pablo agoniza aún en Romanos 7 con la cuestión del pecado, siendo así que en el capítulo 6 habla de haber muerto por medio de Cristo, haber sido sepultado y después haber resucitado como hombre nuevo y justo.

La razón es sencilla. Después de morir el hombre viejo y resucitar el nuevo, este depende totalmente del poder y los méritos de Cristo. Sin embargo, por no comprender realmente su estado regenerado, cae de nuevo en ataduras.

Muchos creyentes no se dan cuenta de que, así como no teníamos poder para hacer lo que es justo cuando nos hallábamos en pecado, también después de haber nacido de nuevo carecemos de poder en nosotros mismos para alcanzar la justicia y la santidad. Cuando comenzamos a creer que podemos ser justos y santos gracias a nuestro propio esfuerzo, probamos la amarga copa de la derrota.

Los descendientes de Adán han seguido aferrados a la idea de este de que podía hacerlo todo él solo, y así lo haría. Sin embargo, en realidad han estado sirviendo al diablo como esclavos, arrastrándose en la derrota. Están ciegos; no salen de su desilusión para poner toda su confianza en Dios. Convencidos de que se pueden acarrear a sí mismos la salvación y la santidad, sufren la derrota sencillamente porque no son capaces de controlar sus apetitos pecaminosos.

Me imagino al creyente de Romanos 7 peleando una sangrienta batalla contra dificultades gigantescas para llevar una vida justa y santa, tratando de guardar la ley, pero engañado por el sutil demonio del yo. Está tan centrado en sí mismo, que usa el pronombre de primera persona cuarenta veces en ese capítulo solamente. ¡Qué persona tan orgullosa! Con todo, al final la Palabra de Dios nos hace darnos cuenta de una clara verdad: Es imposible que podamos vencer solos al pecado. El escritor termina diciendo: «¡Miserable de mí! ¿Quién me librará de este cuerpo de muerte?» (Romanos 7:24).

La respuesta a esta pregunta es sencilla, aunque con frecuencia solo se llega a comprender después de fuertes pruebas. Así como la salvación nos llega únicamente cuando confiamos en los méritos del Señor, también la vida de justicia y santidad aparece solo cuando nos apoyamos en el poder del Señor resucitado que habita dentro de los creyentes.

En Romanos 8, el Apóstol expresa con claridad la respuesta a su propia pregunta: «¿Quién me librará?».

Ahora, pues, ninguna condenación hay para los que están en Cristo Jesús, los que no andan conforme a la carne, sino conforme al Espíritu. Porque la ley del Espíritu de vida en Cristo Jesús me ha librado de la ley del pecado y de la muerte (Romanos 8:1,2).

Pablo nos está diciendo que la victoria es de los que no luchan en el ámbito de sus propios esfuerzos. Los que hemos recibido nueva vida en Jesús, quien ha aplastado al pecado, la muerte, el demonio y la maldición, debemos confiar plenamente en él, que es vida, justicia y santidad. Cuando hagamos de él nuestra justicia y santidad personal, la «ley del Espíritu de vida» que se nos revela y se nos da por medio de él nos libera por completo de la «ley del pecado y de la muerte».

Cuando nacimos de nuevo, nuestra dirección en la vida y nuestra razón de vivir fueron transformadas. La Biblia dice: «Porque en cuanto murió, al pecado murió una vez por todas; más en cuanto vive, para Dios vive» (Romanos 6:10).

Debemos tener siempre presente que la vida de Cristo no es la vida para el yo. Al contrario, de principio a fin, es una vida vivida «para Dios». Recordemos que Adán solo vivió para sí mismo. La consecuencia fue que se convirtió en siervo del diablo, la personificación del orgullo.

La razón por la que hay cristianos nacidos de nuevo que siguen cayendo en los engaños de Satanás, es que insisten en seguir viviendo para sí mismos, en lugar de vivir para Dios.

Mientras estemos engañados de esta forma, viviendo para nosotros mismos, nunca podremos escapar de la lujuria y del pecado. En cambio, cuando pongamos como primera prioridad el agradar a Dios en todas las cosas y hacer su voluntad; cuando la Palabra de Dios nos haga darnos cuenta de que somos nuevas criaturas, que estamos «vivos para Dios en Cristo Jesús» (Romanos 6:11), el Espíritu Santo nos dará la capacidad necesaria para producir en abundancia el fruto de la justicia y la santidad.

Santidad significa apartarse del pecado y estar de acuerdo con Dios. Si nos alejamos *de algo,* vamos *hacia algo*; si nos apartamos del pecado, no debemos servirnos a nosotros mismos, sino servir a Dios por entero.

Mientras pasamos por este proceso se va quebrantando poco a poco el egoísmo de confiar en nuestros propios esfuerzos y de servirnos a nosotros mismos. Cuando una persona pone su confianza en el poder del Cristo resucitado que lleva dentro, y vive solo para agradar y servir a Dios, el Espíritu Santo (el Espíritu de la santidad de Dios) llena a esa persona con una gracia de santidad más profunda, haciéndola acercarse a Dios cada vez más.

Por medio del Espíritu Santo, Dios llega a nuestro interior, y por la obra de su gracia en nosotros, nos libera personalmente de la ley del pecado y de la muerte, y nos capacita para guardar su ley. No solo nos ha dado esa ley, sino que nos da el poder necesario para guardarla, por medio de la presencia del Espíritu Santo dentro de nosotros. Esto es la gracia.

Por eso dice el apóstol Pablo en Gálatas 2:20: «Con Cristo estoy juntamente crucificado, y ya no vivo yo, más vive Cristo en mí».

Ahora no soy yo el que vivo. Es Cristo quien vive por mí, cree por mí y actúa por mí, a través del Espíritu Santo. Sabedor de esto, me limito a confiar en que él me va cambiando el corazón día a día. ¡Eso es! ¡Así es la gracia! Esto es lo que Dios obra a favor nuestro; esto es lo esencial del evangelio.

Ya no podemos salir airosos con excusas como la de que «el espíritu a la verdad está dispuesto, pero la carne es débil» (Mateo 26:41).

No solo debemos reconocer al Espíritu Santo y creer en él, sino también debemos darle la bienvenida a nuestra vida, y permitir que Cristo nos llene de él, de manera que podamos cumplir con la ley de Dios, no por obligación externa, sino por ese poder del Espíritu Santo que obra en nuestro ser interior. Así es como él nos ayuda en nuestras debilidades y vive a través de nosotros la vida de la fe. ¡Qué verdad tan grandiosa!

ENSEÑA A LOS CREYENTES

Así como es necesario que un niño reciba enseñanzas espirituales, morales e intelectuales para crecer y convertirse en un adulto responsable, también es necesario que un cristiano nacido de nuevo sea atendido para que crezca en la fe. El creyente que acaba de nacer necesita crecer en la imagen de Cristo, y la persona que toma a su cargo la enseñanza de los creyentes es el Espíritu Santo: «Él os enseñará todas las cosas» (Juan 14:26).

Nosotros tendemos a limitar esta enseñanza a los conocimientos eruditos de doctrina. Sin embargo, el Espíritu Santo educa toda la personalidad del creyente.

Antes de entrar en el mundo de la fe, toda nuestra educación era humanista, y aprendida a través de los sentidos. Después que una persona nace de nuevo, el ministerio del Espíritu Santo es una educación de revelación por medio de la Palabra de Dios.

Las enseñanzas del Espíritu Santo siempre conducen a los creyentes hacia las lecciones que deben aprender. Él les enseña a seguir a Cristo. Los capacita para servir al Señor de cielo y tierra. Los guía a convertir en máxima prioridad el deseo de agradar al Padre celestial, porque solo en ello recibe la vida su verdadero valor. Solo al agradar al Padre encuentra una persona su verdadera identidad, al mismo tiempo que encuentra fe, esperanza y amor perdurables.

La enseñanza espiritual del Espíritu Santo progresa de manera natural en todos los campos de nuestra voluntad humana, sentimientos e inteligencia. A través de nuestra voluntad y emociones, el Espíritu Santo nos lleva a ser semejantes a Cristo. A través de nuestro intelecto, obra para hacernos comprender los significados más profundos de la Palabra de Dios.

Jesús era al mismo tiempo Dios perfecto y hombre perfecto. Por consiguiente, en la naturaleza divina de Jesús solo existía una belleza perfecta, pero su naturaleza humana necesitaba crecimiento. La Biblia reconoce esto al decir: «Y Jesús crecía en sabiduría y en estatura, y en gracia para con Dios y los hombres» (Lucas 2:52).

El autor de Hebreos dice esto:

> Y Cristo, en los días de su carne, ofreciendo ruegos y súplicas con gran clamor y lágrimas al que le podía librar de la muerte, fue oído a causa de su temor reverente. Y aunque era Hijo, por lo que padeció aprendió la obediencia; y habiendo sido perfeccionado, vino a ser autor de eterna salvación para todos los que le obedecen (Hebreos 5:7-9).

Como señala este pasaje, hasta Jesús en su naturaleza humana aprendió obediencia y fue perfeccionado por medio de diversas pruebas y sufrimientos, según la voluntad de Dios. También a nosotros los cristianos, el Espíritu Santo nos tiene que enseñar de la misma manera, para que crezcamos y aprendamos de él sobre la vida espiritual.

La labor del Espíritu Santo como maestro de los creyentes se puede dividir en dos métodos fundamentales: por medio de la Palabra de Dios, y por medio de las experiencias de la vida.

Antes que Jesús dejara este mundo, prometió repetidamente que el Espíritu Santo vendría para enseñarnos toda la verdad, y para capacitar a los creyentes para comprenderla y soportarla (vea Juan 16:12-14). Estas promesas del Señor fueron cumplidas en la vida de los discípulos después de Pentecostés.

Antes de Pentecostés, los discípulos no comprendían las verdades más profundas de las enseñanzas de Jesús. Después que él fue crucificado y resucitó, su desconcierto iba más allá de toda descripción; estaban tan desorientados, que no sabían qué hacer. Sin embargo, después de haber sido bautizados en el Espíritu el día de Pentecostés, su vida dio un drástico cambio. No solo recordaban las enseñanzas de Jesús acerca del Espíritu Santo, sino que también llegaron a comprender el significado interno de la Palabra de Dios. Asimilaron estas verdades en su propia vida, y de esta manera pudieron crecer.

Así nos sucede a nosotros también. Aunque tratemos con todas nuestras energías de estudiar y comprender la Palabra de Dios, si no gozamos de la ayuda del Espíritu Santo, quien a su vez hace nacer el anhelo de sus enseñanzas, solo podremos asirnos a palabras que no comprenderemos. Permanecemos desorientados y llevaremos una vida estéril en la que faltará la profunda gratitud por la gloria de Dios que se puede obtener por medio de la fidelidad en la obediencia y el servicio de Dios. No podremos alcanzar todo nuestro potencial en Cristo, a menos que el Espíritu Santo de la verdad nos conduzca a beber la leche y la miel verdaderas de la Palabra, que es espíritu y es vida. La razón humana no puede comprender la Palabra. Esa comprensión solo puede llegar por medio de la revelación del Espíritu Santo.

El Espíritu Santo también nos enseña por medio de las pruebas y experiencias de la vida diaria. Aprendemos a anhelar la voluntad de Dios y seguir el ejemplo de Cristo. Las pruebas y la disciplina nos capacitan para reclamar como propia la verdad, y nos permiten hallar y realizar la comprensión más profunda de la Palabra.

No debemos menospreciar ni descuidar el vivir en su totalidad las enseñanzas del Espíritu Santo que recibimos a través de las pruebas y experiencias de la vida real, además de las que recibimos por medio de la Palabra.

Nacer de nuevo y hallarse bajo el magisterio del Espíritu Santo es algo que podríamos comparar con inscribirnos en la «escuela» del Espíritu Santo. En esta escuela no hay días de fiesta ni vacaciones. En todas las situaciones de la vida, el Espíritu Santo nos presenta a Cristo como modelo nuestro en el estudio de la Palabra. Nos lleva a imitar su vida y participar en ella. Muchas veces al día, nos habla por medio de la Palabra o de una experiencia, porque en la escuela siempre hay clases.

La Biblia dice que cuando Jesús salió del agua después de ser bautizado, se abrieron los cielos y el Espíritu Santo descendió sobre él en forma de paloma. Entonces, después de regresar del Jordán lleno del Espíritu Santo, fue guiado por el mismo Espíritu al desierto para que fuera tentado por el diablo durante cuarenta días (vea Lucas 3:22; 4:1,2).

Por supuesto, el Espíritu Santo no guió a Jesús hacia aquellas tentaciones para destruirlo. Su propósito era disciplinarlo.

De igual manera, el Espíritu Santo está con nosotros y nos enseña, tanto cuando sentimos la maravillosa gracia y la verdad de Dios, como cuando nos parece que nos han abandonado en medio de un desierto. El Espíritu Santo nos educa de tal manera que nuestra fe, centrada en Dios, confiada únicamente en su Palabra y con el amor y la esperanza del cielo, pueda crecer.

Bajo ninguna circunstancia deberían los creyentes que han entrado en la escuela del Espíritu Santo sentirse desalentados o moverse en retirada. La Biblia nos da ánimos al decirnos: «Tened por sumo gozo cuando os halléis en diversas pruebas, sabiendo que la prueba de vuestra fe produce paciencia. Más tenga la paciencia su obra completa, para que seáis perfectos y cabales, sin que os falte cosa alguna» (Santiago 1:2-4).

Por consiguiente, si llevamos siempre una vida que agrade a Dios y se centre en él, si siempre ponemos nuestra confianza en el Señor Jesús, el Espíritu Santo, que ha venido para enseñarnos, nos hará crecer de manera que no nos falte nada en el conocimiento de la Palabra y de nuestra fe.

GUÍA A LOS CREYENTES

«Porque todos los que son guiados por el Espíritu de Dios, éstos son hijos de Dios» (Romanos 8:14).

El Padre celestial ha enviado al Espíritu Santo para que guíe a los creyentes nacidos de nuevo por los senderos espirituales correctos. Los hijos de Dios se han convertido en pueblo de un mundo espiritual por la regeneración, pero siguen viviendo en el mundo físico, y en un tabernáculo de carne. ¿Cómo vive la vida diaria un hijo de la luz en este mundo de tinieblas?

Es un problema difícil que no se puede resolver con esfuerzos humanos. Sin embargo, el Espíritu Santo de Dios lo resuelve con facilidad y guía a los creyentes a una vida de victoria. ¿Cómo sucede esto?

El gran problema con el que se tropiezan hoy los creyentes es el del liderazgo. ¿Es el Espíritu Santo su líder, o tienen que guiarse ellos mismos?

Cuando los creyentes me consultan sobre problemas de fe, o piden oración, con frecuencia los miro fijamente a los ojos, y descubro que en realidad no están buscando ayuda. Ya han monopolizado el liderazgo de su propia vida. Ya han hecho sus propios planes y tomado sus decisiones, y ahora le quieren pedir al Espíritu Santo que bendiga su proyecto. Estos creyentes no están permitiendo que el Espíritu Santo los guíe; son ellos sus propios guías.

Para que nos pueda guiar el Espíritu Santo, necesitamos comprender la relación correcta entre él y nosotros. El pecado fundamental que el hombre cometió contra Dios fue el de no tener en cuenta el orden cósmico y usurpar el lugar divino. El hombre se quiso servir a sí mismo, se amó a sí mismo y vivió una vida de orgullo. No solo se negó a reconocer a Dios en su mundo centrado en sí mismo, sino que se rebeló y se apartó de Dios.

Aun muchas personas que han creído en el Señor Jesús y han nacido de nuevo siguen llenas de esa maligna raíz que es el orgullo. Estas son las personas que tratan de aprovecharse de Dios y de usarlo cuando lo necesitan, como alguien que se halla presente con el único propósito de bendecirlos.

Nunca podremos tener una comunicación satisfactoria con el Espíritu Santo si entendemos de una forma tan equivocada la razón por la que se halla en el mundo y en nuestra vida. Si queremos que Dios nos dirija de una manera maravillosa, no solo necesitamos creer en Jesús y recibir el perdón de nuestros pecados, sino que también le debemos permitir al Espíritu Santo que corte las raíces del orgullo con el hacha afilada del juicio. Entonces debemos inclinarnos ante el trono, rendirnos completamente a Dios sin condiciones ni reservas de ninguna clase: alma, mente, carne, vida; presente, pasado y futuro.

Le debemos permitir al Espíritu Santo que obre a través de nosotros lo que le plazca a Dios, y no lo que nos plazca a nosotros; para que se cumplan sus propósitos y no los nuestros. A menos que se produzca un drástico cambio, solo podremos esperar de manera ocasional la maravillosa guía que el Espíritu Santo nos puede dar en todos los aspectos de nuestra vida.

Los creyentes deben comprender que el Creador dispuso que hubiera orden en el universo. ¿Por qué tratamos los seres creados de aprovecharnos de nuestro Hacedor, tratando de ser iguales a él a base de exaltarnos a nosotros mismos? Este orgullo es pecado. Trae consigo angustia y maldición.

Cuando nos presentamos ante Dios, nunca debemos tratar de rebajarlo a nuestro nivel. A Dios ese orgullo le huele como un pedazo de carroña. A través de Cristo, Dios toma control de mi persona por el poder del Espíritu Santo, me limpia, quebranta mi orgullo, y después realiza su obra por medio de mí.

Ese es el secreto que hay en dejarse dirigir por el Espíritu. La declaración de fe del apóstol Pablo, «ya no vivo yo, más vive Cristo en mí» (Gálatas 2:20), es el fundamento de la vida para los creyentes sinceros y genuinos. Cuando esperamos en Dios, actuando con él como los siervos que se inclinan a los pies de su Amo, Dios no trata de guiarnos con humildad. Toma posesión de nosotros y vive a través de nosotros. Solo en una vida así podemos tener verdadero descanso, gozo, y una fe y esperanza firmes en la vida. Cuando sabemos que Dios gobierna y dirige por medio de su Espíritu Santo todos los aspectos de nuestra vida, podemos cantar llenos de gozo, aunque nuestros días parezcan oscuras noches.

El Espíritu Santo que ha venido a nosotros obra para cambiar nuestra vida de esta manera. Cuando nos rendimos a él, nos convertimos de manera natural en los espléndidos hijos de Dios que son «guiados por el

Espíritu de Dios», tal como lo describe Romanos 8:14. Además, todos los hijos e hijas reúnen las condiciones y capacidades necesarias para que los guíe el Espíritu de Dios. ¡Alabado sea su nombre!

CONSUELA A LOS CREYENTES

¿Se ha sentido alguna vez destrozado por las preocupaciones de la vida? ¿Le ha parecido que está a punto de derrumbarse, pero entonces ha escuchado las afectuosas palabras de consuelo de parientes o amigos íntimos a quienes quiere? El consuelo es como el aceite que se echa en las heridas y da una valentía renovada.

Con todo, el consuelo humano tiene sus límites. Hay un «pozo sin fondo» de desespero donde no puede llegar ese consuelo humano; hay momentos en que solo Dios nos puede alcanzar.

Antes de salir de este mundo, Jesús les prometió a aquellos discípulos angustiados, intranquilos y deprimidos: «No os dejaré huérfanos; vendré a vosotros» (Juan 14:18). Mientras él se hallaba con sus discípulos, no era solamente su Señor que no les podía fallar; era el Consolador que los cuidaba. Les conseguía alimentos, los sanaba y los mantenía libres de los ataques del enemigo. Por eso, cuando los iba a dejar, los discípulos se sentían como huérfanos desconsolados. No comprendían su promesa: «Yo rogaré al Padre, y os dará otro Consolador, para que esté con vosotros para siempre» (Juan 14:16). Es aquí donde el Espíritu Santo recibe el título de Consolador.

En el día de Pentecostés, todos los discípulos quedaron llenos del Espíritu Santo y comenzaron a hablar en otras lenguas, según él les daba para que hablasen. Después de haber experimentado este maravilloso incidente, sus corazones se llenaron de consuelo, paz y valentía. El Espíritu Santo, el Consolador, estaba dentro de ellos.

A partir de aquel día, sus corazones se pudieron sobreponer a toda sensación de soledad o de tristeza, de opresión o de desespero, a pesar de que fueron insultados, golpeados y arrojados en prisiones. El Espíritu Santo estaba con ellos, proporcionándoles el inacabable consuelo de Dios. Eran capaces de alabar a Dios, aun en medio de las tribulaciones y las aflicciones.

¿Cómo pudo Esteban, el primero de los mártires, tener la fe suficiente para bendecir a sus asesinos en lugar de maldecirlos? Porque su corazón estaba lleno de consuelo. ¿Cómo pudieron Pablo y Silas, golpeados, hambrientos y atados con grilletes en una prisión de Filipos, comenzar a cantar alabanzas de medianoche al Señor? Porque tenían el corazón desbordado con el consuelo del Espíritu Santo.

¿Recuerda el resto de la historia? Dios respondió a las alabanzas y oraciones de Pablo y Silas, y causó un terremoto que sacudió los cimientos de la prisión, abriendo de par en par todas las puertas. Sus ataduras se soltaron, y recibieron libertad. Al llegar la mañana, la familia del carcelero de la prisión ya era salva. El Espíritu Santo vino para darles un profundo consuelo a aquellas almas desgarradas, heridas y sangrantes.

El apóstol Pablo les escribe a los Corintios acerca del consuelo de Dios por medio del poder del Espíritu Santo:

> Bendito sea el Dios y Padre de nuestro Señor Jesucristo, Padre de misericordias y Dios de toda consolación, el cual nos consuela en todas nuestras tribulaciones, para que podamos también nosotros consolar a los que están en cualquier tribulación, por medio de la consolación con que nosotros somos consolados por Dios. Porque de la manera que abundan en nosotros las aflicciones de Cristo, así abunda también por el mismo Cristo nuestra consolación (2 Corintios 1:3-5).

El consuelo que viene de Dios a través de su Espíritu Santo nos permite superar las tribulaciones y las pruebas.

En la primera iglesia que fundé había una anciana que era viuda desde su juventud. Pasando muchos sacrificios y sufrimientos, crió a una hija. Cuando esta hija se casó y comenzó su propia familia, la madre fue a vivir con ella para cuidar de la casa. Después de dar a luz, la hija quedó con el corazón debilitado. Aquella madre oraba a Dios fervientemente pidiéndole la sanidad de su hija. La viuda experimentó la plenitud del Espíritu Santo, pero su hija murió.

Parecía como si se hubiera desplomado el mundo de aquella madre. Por su hija, había sacrificado sus propios deseos en la vida y ahora aquella hija había desaparecido. ¿Qué palabras podrían consolar a aquella mujer en las profundidades de su desesperación?

Cuando tendieron el cuerpo sin vida de su hija en la casa, como se acostumbra hacer en Corea, me llamaron para que dirigiera el culto de funeral allí. Al entrar en aquella casa supe que algo había cambiado. Anteriormente, la anciana había estado inconsolable. En cambio, ahora su rostro estaba radiante en lugar de estar lleno de desesperación. Hasta me consoló a mí, el siervo del Señor, diciéndome que no teníamos que preocuparnos por su hija, porque ella se había marchado ya a su eterno hogar en el cielo. Me aseguró que la joven estaba en el seno de Dios. Cantó las alabanzas con gran fuerza, y hasta danzó con gozo. ¿Quién había podido darle este consuelo maravilloso?

Solo el Espíritu Santo puede y quiere sanar maravillosamente estas dolorosas heridas, derramando óleo sobre ellas. Él es quien nos da poder para ponernos en pie y seguir adelante, entonando un cántico de triunfo.

Cuando estamos llenos del Espíritu Santo y aprendemos a caminar con él, nuestra alma se siente desbordada por un profundo consuelo que el mundo ni conoce ni comprende. Él nos puede dar fuerzas nuevas para vencer las circunstancias, cualesquiera que sean. Así nos convertimos en creyentes capaces de ofrecerles consuelo a todos los afligidos.

CONFIRMA QUE SOMOS HIJOS DE DIOS

«Y por cuanto sois hijos, Dios envió a vuestros corazones el Espíritu de su Hijo, el cual clama: ¡Abba, Padre!» (Gálatas 4:6).

Ser padre significa ser el autor de la vida de un hijo, y la causa de que ese hijo exista. Solo un hombre puede ser mi padre, en ese sentido de la palabra.

Ahora bien, Dios es mi Padre también, en la fe; es el autor y la causa de mi ser resucitado, o nacido de nuevo. Nuestra fe cristiana no es una religión, como mucha gente la considera equivocadamente. ¿Se puede llamar religión al nacimiento de un niño?

La fe cristiana no es una religión, sino una experiencia con el Señor Jesucristo. Yo experimenté ese nuevo nacimiento. Nací de Dios. Así él se convirtió en mi Padre, y yo me convertí en hijo suyo. Todos los pasos de crecimiento que damos en las iglesias —las lecciones prebautismales, el bautismo, el hacerse miembro de la iglesia, los ritos— podrán ser ayudas externas para que nos convirtamos en hijos mejores de Dios, pero no equivalen a nacer en la familia de Dios por el poder del Espíritu Santo.

En el Evangelio de Juan leemos: «Mas a todos los que le recibieron, a los que creen en su nombre, les dio potestad de ser hechos hijos de Dios; los cuales no son engendrados de sangre, ni de voluntad de carne, ni de voluntad de varón, sino de Dios» (1:12,13). Como nos lo muestran con claridad estas palabras, no nos podemos convertir en hijos de Dios por medio de nuestra sangre, o de la voluntad de la carne, o la del hombre, por mucho que lo intentemos. Solo nacemos como hijos de Dios cuando nacemos de nuevo por el poder de su Espíritu Santo. Sin la experiencia de un corazón purificado, no nos es posible obtener la autoridad que nos convierte en hijos de Dios.

Santiago 1:18 dice: «Él, de su voluntad, nos hizo nacer por la palabra de verdad, para que seamos primicias de sus criaturas». Se nace de Dios cuando se recibe a Cristo por su Palabra, y en el poder del Espíritu Santo.

Hasta el mismo Jesús le dijo a Nicodemo: «De cierto, de cierto te digo, que el que no naciere de nuevo, no puede ver el reino de Dios». Nicodemo le preguntó: «¿Cómo puede un hombre nacer siendo viejo? ¿Puede acaso entrar por segunda vez en el vientre de su madre, y nacer?». Esta fue la respuesta de Jesús: «De cierto, de cierto te digo, que el que no naciere de agua y del Espíritu, no puede entrar en el reino de Dios. Lo que es nacido de la carne, carne es; y lo que es nacido del Espíritu, espíritu es» (Juan 3:3-6).

Nacemos como hijos espirituales de Dios por medio de su Palabra, y con el poder del Espíritu Santo, de igual manera que nacemos de nuestros padres carnales, de quienes hemos recibido la vida física.

Cuando nacemos de nuevo, el Espíritu Santo nos revela nuestra relación íntima con Dios, nuestro Padre.

Una mujer que conozco muy bien me hizo en cierta ocasión el siguiente relato: Como su hermana no tenía hijos envió a su propia hija a casa de la hermana para que esta la adoptara. Sin embargo, la hija no le quería llamar «madre» a la tía. Por mucho que trataron de persuadirla para que dijera aquella palabra, no quiso hacerlo. Siempre hacía unos sonidos ininteligibles cuando se dirigía a su madre adoptiva. Puesto que rechazó el darle a su tía el título de «madre», no pudo convertirse en hija adoptiva suya.

El mismo vínculo de padre a hijo funciona en el mundo espiritual. Por medio de la Palabra y del Espíritu Santo, llegamos a llamar a Dios «Abba, Padre», porque así nos guía un instinto que se mueve dentro de nuestro corazón.

La Biblia nos muestra con claridad que el Espíritu Santo de Dios está haciendo su obra. En Romanos 8 leemos: «Pues no habéis recibido el espíritu de esclavitud para estar otra vez en temor, sino que habéis recibido el espíritu de adopción, por el cual clamamos: ¡Abba, Padre! El Espíritu mismo da testimonio a nuestro espíritu, de que somos hijos de Dios» (vv. 15,16). En nuestro corazón, por revelación del Espíritu Santo, sabemos que Dios se ha convertido en nuestro Padre, y nosotros nos hemos convertido en hijos suyos.

Esta seguridad no la producen los ritos de ninguna iglesia, sino el Espíritu Santo mismo, que viene a nuestro corazón y nos la revela. Sin la obra del Espíritu Santo, nos podríamos convertir en personas simplemente religiosas. No tendríamos esa seguridad de ser hijos de Dios, porque no son los ritos ni las ceremonias los que nos dan testimonio de ello, sino el Espíritu Santo de Dios.

Hoy en día son muchas las iglesias frías, carentes de un amor fervoroso hacia Dios, porque sus miembros acuden a ellas simplemente como personas religiosas, sin tener en el corazón la convicción, revelada por el Espíritu Santo, de que Dios se ha convertido en Padre suyo.

La verdad no se abre paso en nuestro corazón a base de poderío o fortaleza, sino por la revelación del Espíritu Santo, cuando nacemos de nuevo.

6
EL BAUTISMO EN EL ESPÍRITU SANTO

LO PRIMERO ES SIEMPRE LA REGENERACIÓN

Jesús hablaba de la regeneración cuando le dijo a Nicodemo: «Os es necesario nacer de nuevo» (Juan 3:7).

Nicodemo era uno de los dirigentes de los fariseos, un grupo judío que guardaba estrictamente la ley y los ritos religiosos. Al no hallar la verdad ni la satisfacción en su religiosidad acudió a Jesús de noche. En respuesta a una afirmación suya, este le hizo una perturbadora declaración: «El que no naciere de nuevo, no puede ver el reino de Dios» (Juan 3:3).

Nicodemo había tratado de que se le admitiera en el reino de Dios por guardar la ley y los ritos religiosos; por cultivar la virtud a través de la mejora de sí mismo y el esfuerzo. Todo aquel arduo trabajo pareció desmoronarse en un instante.

Así que le preguntó apresuradamente: «¿Cómo puede un hombre nacer siendo viejo? ¿Puede acaso entrar por segunda vez en el vientre de su madre, y nacer?» (Juan 3:4).

Jesús respondió aquella pregunta explicándole con claridad la ley del nuevo nacimiento:

> De cierto, de cierto te digo, que el que no naciere de agua y del Espíritu, no puede entrar en el reino de Dios. Lo que es nacido de la carne, carne es; y lo que es nacido del Espíritu, espíritu es. No te maravilles de que te dije: Os es necesario nacer de nuevo (vv. 5-7).

Le estaba enseñando que la persona no puede lograr su salvación por sus propios esfuerzos, por mejoras en su vida ni por celebraciones religiosas. Más bien, tiene lugar cuando Dios produce el nuevo nacimiento en el centro mismo de su ser.

Debe suceder algo nuevo. Pensémoslo de esta forma: Por bien que un mono imite al hombre, no podrá convertirse nunca en ser humano, porque los monos son fundamentalmente diferentes a los humanos en su nivel de existencia.

Juan 1:13 afirma que para convertirnos en hijos de Dios, necesitamos nacer de él: «Los cuales no son engendrados de sangre, ni de voluntad de carne, ni de voluntad de varón, sino de Dios».

Por consiguiente, la salvación significa que un hombre de carne nace de nuevo por medio del Espíritu Santo por la gracia de Dios, y esencialmente, se convierte en un ser espiritual. Esto es lo que Dios hace por el hombre. La salvación solo es posible porque es un don de Dios.

Por medio de ese don nos convertirnos en «participantes de la naturaleza divina» (2 Pedro 1:4) mediante la gracia de Dios, y tenemos su misma vida eterna.

Entonces, ¿qué significa que Dios capacite a los pecadores para nacer de nuevo del agua y del Espíritu Santo?

Algunos insisten en que «nacer del agua» se refiere aquí al bautismo físico en agua. En cambio, la Biblia le atribuye una importancia mayor al significado de esta expresión. Por supuesto, no estoy diciendo que el bautismo en agua sea un acto superficial o poco necesario. ¿Acaso puede ser cierto que Dios ordene hacer algo innecesario?

El significado del *agua* aquí tiene que ver sobre todo con la limpieza. La Biblia enseña en otros lugares que somos lavados por la Palabra de Dios. Jesús les dijo a sus discípulos: «Ya vosotros estáis limpios por la palabra que os he hablado» (Juan 15:3). Pablo escribe: «Para santificarla [la iglesia], habiéndola purificado en el lavamiento del agua por la palabra» (Efesios 5:26).

Cuando Jesús dice que debemos «nacer de agua y del Espíritu», se está refiriendo a la Palabra de Dios y al Espíritu Santo. ¿Quién podría ser la Palabra de Dios, sino Jesús mismo? (vea Juan 1:1,2,14)

En esta misma conversación con Nicodemo, tan repleto de dudas, Jesús se refiere a sí mismo: «Y como Moisés levantó la serpiente en el desierto, así es necesario que el Hijo del Hombre sea levantado, para que todo aquel que en él cree, no se pierda, más tenga vida eterna» (Juan 3:14,15).

Solo la sangre preciosa de Jesús, quien es la Palabra viviente, nos puede limpiar, y esa sangre es la palabra misma que nos purifica.

Ahora bien, Jesús dijo que nacemos de nuevo «de agua», o sea, de la Palabra, «y del Espíritu». Entonces, ¿qué hace el Espíritu?

Ezequiel 36:26 describe hermosamente la forma en que los pecadores son transformados en nuevas criaturas por el Espíritu de Dios: «Os daré corazón nuevo, y pondré espíritu nuevo dentro de vosotros; y quitaré de vuestra carne el corazón de piedra, y os daré un corazón de carne» (vea también Ezequiel 11:19).

Hoy en día no se puede comprender ni explicar a nuestro Salvador Jesucristo, sino por medio del Espíritu Santo, el autor de los milagros de salvación.

Él es el agente administrativo de la salvación divina, al convencernos de pecado por medio de la Palabra y revelarnos a Cristo, quien se convierte en nuestra justicia y declara el juicio de Satanás (vea Juan 16:8).

En Juan 16:14, Jesús señala que él se revela a sí mismo solamente por medio del Espíritu Santo: «Él me glorificará; porque tomará de lo mío, y os lo hará saber».

El Espíritu Santo lleva a cabo la nueva obra creadora que transforma a la persona al hacerla recibir la vida eterna y la naturaleza de Dios. Ahora bien, su obra va un paso más allá de la regeneración, y de eso se trata cuando hablamos del bautismo en el Espíritu Santo.

La experiencia de la regeneración es distinta de la del bautismo en el Espíritu Santo. Por supuesto, ambas pueden tener lugar en el mismo momento, pero en otros casos pasa un intervalo de tiempo entre las dos experiencias. Veamos en la Biblia la diferencia entre la regeneración y el bautismo en el Espíritu Santo.

En la Biblia se hace clara mención de creyentes nacidos de nuevo que no habían recibido el bautismo en el Espíritu Santo.

Antes de la muerte de Jesús, sus discípulos ya habían recibido la vida eterna, puesto que él los había llamado personalmente y lo habían obedecido, creyendo que él era el Hijo de Dios.

Jesús dijo: «De cierto, de cierto os digo: El que oye mi palabra, y cree al que me envío, tiene vida eterna» (Juan 5:24). También testificó en Juan 13:10 que todos sus discípulos estaban limpios, con la excepción de Judas Iscariote. Cuando los setenta discípulos regresaron de su predicación y le contaron cómo se les sujetaban los demonios, admitió que aquellos setenta discípulos ya habían recibido la vida perdurable (vea Lucas 10:20).

Con todo, Jesús no les dijo que hubieran recibido el bautismo en el Espíritu Santo desde el momento en que habían creído (como afirman hoy algunos teólogos). Está bien claro que aún no habían recibido la plenitud del Espíritu. Antes de ascender a los cielos, les dijo a sus discípulos que no se fueran aún de Jerusalén, «sino que esperasen la promesa del Padre, la cual, les dijo, oísteis de mí. Porque Juan ciertamente bautizó con agua, más vosotros seréis bautizados con el Espíritu Santo dentro de no muchos días» (Hechos 1:4,5).

Algunas personas están de acuerdo en que aquellos discípulos que ya habían creído necesitaban el bautismo en el Espíritu Santo, pero dicen que esto solo se debía a que habían creído antes de Pentecostés. Su argumento es que desde aquel día de Pentecostés, en el que nació la iglesia y descendió el Espíritu Santo, todo el que cree recibe el bautismo en el Espíritu Santo en el momento de su conversión.

Sin embargo, hay relatos del Nuevo Testamento que muestran lo errada que es esta teoría. Hechos 8:5-13 describe la escena del diácono Felipe cuando predicó el evangelio en Samaria. La gente de allí, «unánime, escuchaba atentamente las cosas que decía Felipe, oyendo y viendo las señales que hacía». La consecuencia fue que «de muchos que tenían espíritus inmundos, salían éstos dando grandes voces; y muchos paralíticos y cojos eran sanados; así que había gran gozo en aquella ciudad». El relato sigue diciendo que un gran número de hombres y mujeres creyeron en el evangelio y fueron bautizados.

Sin embargo, el pasaje siguiente afirma que, a pesar de que habían creído y fueron bautizados, no había señal alguna de que estuvieran bautizados en el Espíritu Santo:

> Cuando los apóstoles que estaban en Jerusalén oyeron que Samaria había recibido la Palabra de Dios, enviaron allá a Pedro y a Juan; los cuales, habiendo venido, oraron por ellos para que recibiesen el Espíritu Santo; porque aún no había descendido sobre ninguno de ellos, sino que solamente habían sido bautizados en el nombre de Jesús. Entonces les imponían las manos, y recibían el Espíritu Santo (Hechos 8:14-17).

Esto indica que una cosa es creer y nacer de nuevo, y otra claramente distinta es ser bautizado con el Espíritu Santo.

Hechos 9:3-17 nos presenta el vívido relato de la conversión de Pablo y de su experiencia al ser bautizado en el Espíritu Santo, dos cosas que no sucedieron de manera simultánea.

Portador de una carta de autoridad de los sumos sacerdotes, Saulo y sus amigos se dirigieron a Damasco, la capital de Siria, para perseguir a los que creían en Jesús y echarlos en la prisión.

Cuando él y sus seguidores se acercaban a Damasco, «repentinamente le rodeó un resplandor de luz del cielo» que lo cegó. Habiendo oído la voz del Señor Jesús, Saulo cayó a tierra y confesó que Jesús era el Señor. Cuando entró a Damasco era un hombre transformado y obediente a Dios.

Saulo ayunó y oró durante tres días. En esto vemos que se había convertido en una nueva criatura en Cristo. Entonces llegó Ananías, quién le impuso manos y oró para que fuera lleno del Espíritu Santo, como él.

Otro ejemplo es la iglesia de Éfeso, que había sido fundada gracias a la elocuente predicación de Apolos. Cuando Pablo visitó aquella iglesia, la halló débil y en medio de luchas. La primera pregunta que les hizo fue esta: «¿Recibisteis el Espíritu Santo cuando creísteis?» (Hechos 19:2). Sabía que, de haber recibido al Espíritu Santo, no habrían estado tan débiles e impotentes, con solo unos doce miembros.

Si los cristianos recibiéramos siempre la plenitud del Espíritu Santo en el momento en que creemos, ¿por qué les hizo Pablo deliberadamente aquella pregunta, que habría sido innecesaria: «¿Recibisteis el Espíritu Santo cuando creísteis?» Llegar a la fe no significa que recibamos automáticamente también el bautismo en el Espíritu Santo. Esto es algo que el creyente debe pedir en oración.

De hecho, los creyentes llenos del Espíritu del siglo uno pensaban que los cristianos que no estuvieran bautizados en el Espíritu carecían de un requisito necesario para servir. Por esto, se aseguraban siempre de que los recién convertidos recibieran el bautismo en el Espíritu.

Antes que los creyentes de Éfeso recibieran el bautismo en el Espíritu, su iglesia se hallaba notablemente débil y enferma. En cambio, después que fueron bautizados en el Espíritu por medio del ministerio de Pablo, apareció en medio de ellos una maravillosa vitalidad y una fe poderosa. Al cabo de algún tiempo se convertiría en una iglesia famosa que llenaría toda el Asia Menor con la Palabra de Dios.

Cuando estudiamos todos estos relatos, llegamos a la conclusión de que la regeneración y el bautismo en el Espíritu Santo son dos experiencias claramente distintas.

La regeneración es la experiencia mediante la cual recibimos la vida del Señor, al ser injertados en el cuerpo de Cristo por medio del Espíritu Santo y de las Escrituras. El bautismo en el Espíritu Santo es la experiencia en la cual Jesús llena a los creyentes con el poder de Dios para ministrar, servir y llevar una vida victoriosa.

La regeneración le concede a la persona una vida perdurable, mientras que el bautismo en el Espíritu Santo nos concede a los creyentes ya regenerados el poder de Dios para predicar a Cristo.

Los cristianos de hoy no son débiles, enfermos y sin vida porque no hayan nacido de nuevo, sino porque no han recibido la plenitud del Espíritu Santo, el increíble poder de Dios para servir.

Sin el bautismo en el Espíritu Santo, la iglesia de hoy nunca podrá desplegar el poder de Dios, tal como lo hizo la iglesia del siglo uno: un poder combativo, retador y victorioso para evangelizar a toda una generación. Por esta razón, es necesario que renunciemos a la excusa necia, débil y letárgica de que todos los creyentes son bautizados en el Espíritu Santo en el mismo instante en que creen. En lugar de esto debemos orar para recibir la plenitud del Espíritu.

¿QUÉ PROMETIÓ DIOS?

Para que el cristiano tenga el poder y la autoridad que necesita a fin de llevar a cabo el ministerio y el servicio a él encomendados por Dios, necesita tener el bautismo en el Espíritu Santo.

En los tiempos del Antiguo Testamento, Dios les dio la maravillosa unción del Espíritu, que corresponde en cierto sentido al bautismo en el Espíritu de hoy, a sus vasos especialmente escogidos: reyes, sacerdotes, jueces, profetas y libertadores de los israelitas, a quienes usó según lo que había dispuesto en su voluntad. No obstante, en aquellos tiempos solo unas cuantas personas fueron ungidas con el poder de Dios, de manera que las personas corrientes no podían ni siquiera soñar con una gracia así.

Con todo, Dios había profetizado que en el futuro, el llamado a salvación llegaría a todos los pueblos; también les daría la unción del Espíritu Santo a todos los que respondieran a su llamado.

La profecía más vívida y prominente de todas es la que se halla en Joel 2:

> Y después de esto derramaré mi Espíritu sobre toda carne,
> y profetizarán vuestros hijos y vuestras hijas; vuestros ancianos
> soñarán sueños, y vuestros jóvenes verán visiones. Y también
> sobre los siervos y sobre las siervas derramaré mi Espíritu en
> aquellos días (vv. 28,29).

La sobresaliente y maravillosa afirmación de esta profecía es que Dios declara a través del profeta Joel que en el futuro no limitaría la salvación solo a Israel, sino que estaría abierta a todos, cualesquiera que fueran su nación, raza o condición social. También derramaría la plenitud de su Espíritu Santo sobre gente de todas las naciones.

Joel era un profeta de Judá que vivió unos setecientos setenta años antes de Cristo. Los judíos de aquellos días eran extremadamente exclusivistas: solo los israelitas eran el pueblo escogido por Dios. Jehová Dios no era el Dios de los gentiles; por consiguiente, no se podría convertir en el Salvador de esos gentiles.

En un clima como este, esta profecía indicaba que en un futuro, Dios derramaría su Espíritu, no solo sobre el pueblo judío, sino sobre toda carne. No habría distinción alguna por sexo o edad. Hasta prometió que les daría su Espíritu a los humildes siervos y siervas; a esos prisioneros tomados de pueblos extranjeros y esclavos comprados con dinero, la gente maltratada y despreciada que ocupaba la posición más inferior de la sociedad judía.

Unos ochocientos años después esta profecía se cumplió de manera literal.

Cuarenta días después de resucitar, Jesús les ordenó a sus discípulos que se quedaran en Jerusalén: «Les mandó que no se fueran de Jerusalén, sino que esperasen la promesa del Padre, la cual, les dijo, oísteis de mí. Porque Juan ciertamente bautizó con agua, más vosotros seréis bautizados con el Espíritu Santo dentro de no muchos días» (Hechos 1:4, 5).

Estas palabras indican con claridad que la profecía de Joel y el clamor de Juan el Bautista en el Jordán se refieren a la vida y la obra de Jesús. Juan clamaba: «Yo a la verdad os bautizo en agua; pero viene uno más poderoso que yo, de quien no soy digno de desatar la correa de su calzado; él os bautizará en Espíritu Santo y fuego» (Lucas 3:16).

Los discípulos de Jesús, obedientes al mandato del Señor, se reunieron en el aposento alto de Jerusalén, donde siguieron orando.

El calendario judío nos dice el tiempo que estuvieron orando. Jesús murió en la fiesta de la Pascua. El Espíritu Santo se derramó sobre los discípulos en el día de Pentecostés, fiesta que se celebra cincuenta días después de la Pascua. Jesús se había mostrado a sus discípulos durante cuarenta días entre su resurrección y ascensión. Por tanto, los discípulos reunidos en Jerusalén estuvieron orando unos diez días.

La Biblia describe de esta forma el maravilloso milagro que tuvo lugar con los discípulos el día de Pentecostés:

> Cuando llegó el día de Pentecostés, estaban todos unánimes juntos. Y de repente vino del cielo un estruendo como de un viento recio que soplaba, el cual llenó toda la casa donde estaban sentados; y se les aparecieron lenguas repartidas, como de fuego, asentándose sobre cada uno de ellos. Y fueron todos llenos del Espíritu Santo, y comenzaron a hablar en otras lenguas, según el Espíritu les daba que hablasen (Hechos 2:1-4).

Pedro, inmediatamente después de haber recibido el bautismo en el Espíritu Santo, se puso de pie ante una gran multitud de personas reunida alrededor de él, y levantó la voz. Declaró que aquello era lo que había dicho el profeta Joel ochocientos años antes: que Dios derramaría su Espíritu sobre toda carne.

Cuando Pedro cita la profecía de Joel, el Espíritu Santo aclara el marco de tiempo (en Joel, «después de esto»), al decir «en los postreros días», indicando así que los últimos días habían comenzado al subir Jesús a los cielos; había llegado el tiempo en que Dios derramaría su Espíritu sobre toda carne.

Pedro les hizo unas promesas mayores y más maravillosas a los que le estaban escuchando predicar y después se arrepintieron:

Arrepentíos, y bautícese cada uno de vosotros en el nombre
de Jesucristo para perdón de los pecados; y recibiréis el don
del Espíritu Santo. Porque para vosotros es la promesa, y para
vuestros hijos, y para todos los que están lejos; para cuantos el
Señor nuestro Dios llamare (Hechos 2:38,39).

Dividamos este pasaje en varias partes para examinarlo.

En primer lugar, estas palabras contienen una promesa nacional para los
judíos: «Cada uno de vosotros» se refiere a los judíos que estaban oyendo
predicar a Pedro.

En segundo lugar, Pedro extiende la promesa a las generaciones futuras de
judíos: «Para vosotros ... y para vuestros hijos».

En tercer lugar, la promesa se refiere al mundo entero: «Para todos los
que están lejos». Los rabinos judíos de aquellos días usaban esta expresión
para hablar de los paganos, o extranjeros.

En cuarto lugar, la promesa se extiende a todos los tiempos: «Para
cuantos nuestro Dios llamare» se aplica no solo a todos, cualquiera que
sea su nación, raza, sexo, edad, riqueza o posición social, sino también a
todos hasta el final de los tiempos. ¡Qué promesa tan maravillosa! Dios
derramaría su Espíritu Santo no solo en los días de los apóstoles, sino a lo
largo de toda la era de la gracia, incluso ahora.

LOS FENÓMENOS QUE ACOMPAÑAN
AL BAUTISMO EN EL ESPÍRITU SANTO

Al examinar los relatos bíblicos donde aparecen las experiencias personales de bautismo en el Espíritu Santo, podremos hallar conocimientos
sólidos con respecto a los fenómenos que tienen lugar al recibirlo.

Cuando los cristianos quieren recibir el bautismo en el Espíritu Santo,
muchos hacen una pregunta sincera: ¿Qué evidencias aparecerán para darme la seguridad de que he sido bautizado en el Espíritu?

Yo sé que probé todas las formas posibles, y no dejé piedra sin re-
mover, orando fervorosamente para recibir el bautismo en el Espíritu.
Durante aquellos tiempos, algunas veces disfrutaba de una paz maravillosa
y tenía gozo en el corazón. En ocasiones, podía predicar el evangelio va-
lientemente en los mercados, los autobuses o los tranvías. Con frecuencia
sentía que la Palabra de Dios era dulce como la miel. A pesar de todo
esto, no tenía en el corazón la seguridad de haber recibido la plenitud del
Espíritu Santo.

Lleno de preguntas visité a muchos siervos de Dios muy respetables,
pero nunca hallé una respuesta satisfactoria. Finalmente, decidí buscarla
en la Palabra de Dios. ¿En qué partes de la Biblia hallaría las enseñanzas
relacionadas con el bautismo en el Espíritu Santo?

El material parecía limitado. En el Antiguo Testamento y en los Evangelios, «aún no había venido el Espíritu Santo, porque Jesús no había sido aún glorificado» (Juan 7:39). En las epístolas, las enseñanzas son sobre todo para creyentes que ya habían recibido la plenitud del Espíritu; no contienen escenas directas de bautismos en el Espíritu.

Estas escenas aparecen en el libro de Hechos, así que decidí estudiar este libro con el corazón abierto, sincero y sin prejuicios.

Como consecuencia de este estudio, la verdad de la Palabra de Dios se me presentó tan clara como la luz del día, y la plenitud del Espíritu Santo que experimenté fue acompañada de una evidencia indiscutible. Los profundos sentimientos que tuve cuando recibí el bautismo en el Espíritu se hicieron cada vez más profundos, a medida que pasaba el tiempo.

Examinemos los relatos de Hechos sobre los santos que recibieron el bautismo en el Espíritu en aquella época.

PENTECOSTÉS

El incidente más maravilloso fue el bautismo en el Espíritu de aquellos ciento veinte discípulos el día de Pentecostés.

Cuando ellos recibieron la plenitud del Espíritu, deben haber sabido, sin lugar a dudas, que habían recibido el don que Jesús les había indicado que esperasen. De no haber sido así, ¿por qué dejaron de esperar y se lanzaron a la línea de ataque de la evangelización? Según la Biblia, los ciento veinte discípulos, sin excepción, dejaron de esperar la maravillosa experiencia, y se sintieron convencidos de haber recibido el bautismo en el Espíritu. ¿Cómo es posible que todos tuvieran aquella experiencia de manera simultánea? Porque en esa plenitud del Espíritu Santo se habían incluido tanto una experiencia externa como una seguridad interna.

Estudiemos los fenómenos que tuvieron lugar en el aposento alto cuando el Espíritu Santo descendió en el día de Pentecostés (Hechos 2:2-4).

1. «De repente vino del cielo un estruendo como de un viento recio que soplaba».
2. «Se les aparecieron lenguas repartidas, como de fuego, asentándose sobre cada uno de ellos».
3. «Y fueron todos llenos del Espíritu Santo, y comenzaron a hablar en otras lenguas, según el Espíritu les daba que hablasen».

A partir de la progresión anterior, vemos que, antes de experimentar el bautismo en el Espíritu Santo, los discípulos oyeron un viento recio y vieron lenguas repartidas como de fuego. Entonces, la señal de las lenguas acompañó a la experiencia de recibir por vez primera la plenitud del Espíritu Santo.

Con estas señales, la experiencia de los ciento veinte al recibir el bautismo en el Espíritu quedó firme, más allá de toda duda. Sabiendo lo sucedido, Pedro, en representación de todos, habló ante la muchedumbre reunida. Refiriéndose a Jesús, dijo: «Así que, exaltado por la diestra de Dios, y habiendo recibido del Padre la promesa del Espíritu Santo, ha derramado esto que vosotros veis y oís» (Hechos 2:33).

Quería decir que había prueba objetiva de la experiencia del bautismo en el Espíritu Santo.

Nosotros también debemos dar testimonio de nuestra experiencia al recibir el bautismo en el Espíritu, no en términos generales, sino como Pedro, con aquello que se puede ver y oír. Si no tenemos prueba evidente, si seguimos la lucha espiritual, inseguros de haber recibido el bautismo en el Espíritu, ¿cómo nos podremos convertir en testigos valientes y llenos de poder?

SAMARIA

El libro de Hechos menciona una segunda experiencia de bautismo en el Espíritu, en Samaria.

Después del martirio del diácono Esteban en Jerusalén, estalló una fuerte persecución contra la iglesia. La mayor parte de ella, con excepción de los apóstoles, se dispersó por las regiones de Judea y Samaria.

Felipe fue a la ciudad de Samaria y predicó a Cristo. El resultado fue que muchos creyeron en él y fueron bautizados en agua. Muchos que estaban poseídos por espíritus inmundos fueron bautizados; muchos paralíticos y cojos fueron sanados (vea Hechos 8:5-8).

A pesar de estos milagros, la gente no estaba recibiendo el bautismo en el Espíritu Santo. La Biblia dice:

> Cuando los apóstoles que estaban en Jerusalén oyeron que Samaria había recibido la palabra de Dios, enviaron allá a Pedro y a Juan; los cuales, habiendo venido, oraron por ellos para que recibiesen el Espíritu Santo; porque aún no había descendido sobre ninguno de ellos, sino que solamente habían sido bautizados en el nombre de Jesús. Entonces les imponían las manos, y recibían el Espíritu Santo (Hechos 8:14-17).

Usted se preguntará: «Pero, ¿hubo señales externas cuando los creyentes de Samaria recibieron el bautismo en el Espíritu Santo?».

Si miramos con más profundidad en la Palabra, notaremos que sucedieron algunas cosas poco corrientes en aquel día.

Un mago llamado Simón asistió a la gran campaña de salvación y sanidades de Felipe, y se sintió profundamente conmovido al ver revelado el poder de Dios. Aceptó a Jesús como Salvador, e incluso se bautizó.

Entonces llegaron Pedro y Juan de Jerusalén, impusieron las manos sobre los creyentes, y estos recibieron el bautismo en el Espíritu. Ahora Simón estaba tan asombrado por esto, que les ofreció dinero, diciéndoles: «Dadme también a mí este poder, para que cualquiera a quien yo impusiere las manos reciba el Espíritu Santo» (v. 19).

El apóstol Pedro lo reprendió duramente cuando trató de comprar el don de Dios con dinero, pero en su conducta hay implícita una lección que no debemos pasar por alto. Simón el mago vio que pasaban todas estas cosas: los que se arrepentían y confesaban sus pecados eran transformados y se sentían llenos de gozo. Los espíritus inmundos salían de muchos dando gritos. Muchos que habían estado afligidos con parálisis o cojera eran sanados por completo. Ninguno de aquellos milagros lo impulsó a tratar de comprar poder por dinero. En cambio, cuando llegaron Pedro y Juan, les impusieron manos a los creyentes y estos recibieron el bautismo en el Espíritu, fue cuando quiso comprar aquel poder.

¿Por qué? La respuesta es muy sencilla: porque apareció una señal especial en todos aquellos samaritanos que recibían el bautismo en el Espíritu por medio de la imposición de manos de Pedro y de Juan. Si el Espíritu se hubiera manifestado de una manera tranquila y silenciosa, Simón no se habría apresurado a ofrecer dinero.

¿Qué vio aquel mago como consecuencia de la oración de Pedro y Juan? Debe haber visto y oído que aquellos creyentes hablaban en otras lenguas y alababan a Dios.

Es la única conclusión a la que podemos llegar, puesto que en la campaña de Felipe se presentaron todas las señales, menos una: la de las lenguas.

No quiero que se me entienda mal. Hablar en lenguas y ser bautizado en el Espíritu no son dos cosas sinónimas. Las lenguas son la evidencia externa de la realidad interna de poder para testificar qué se produce en el creyente al ser bautizado en el Espíritu. El caso es que, tanto en los tiempos de los apóstoles como ahora, cada vez que Jesús bautiza a alguien en su Espíritu, lo hace acompañándolo de señales externas que tanto los que han recibido este bautismo, como quienes son espectadores objetivos del suceso, puedan sentir, ver y oír espontáneamente. Entre estas señales, sin excepción, se hallan siempre las lenguas.

Está claro que la experiencia Pentecostal de Samaria, producida unos ocho años después del primer bautismo en el Espíritu en Jerusalén, fue una experiencia acompañada de señales maravillosas.

LA CASA DE CORNELIO

La tercera experiencia relatada de un bautismo en el Espíritu tuvo lugar en la casa de Cornelio. Después de salir de Samaria, Pedro descendió a Jope y se detuvo allí en casa de Simón el curtidor. Un día, a la hora sexta, subió a la azotea para orar:

> Y tuvo gran hambre, y quiso comer; pero mientras le pre-paraban algo, le sobrevino un éxtasis; y vio el cielo abierto, y que descendía algo semejante a un gran lienzo, que atado de las cuatro puntas era bajado a la tierra; en el cual había de todos los cuadrúpedos terrestres y reptiles y aves del cielo. Y le vino una voz: Levántate, Pedro, mata y come. Entonces Pe-dro dijo: Señor, no; porque ninguna cosa común o inmunda he comido jamás. Volvió la voz a él la segunda vez: Lo que Dios limpió, no lo llames tú común (Hechos 10:10-15).

Esto sucedió tres veces antes que aquel mantel fuera recogido en el cielo. Mientras Pedro meditaba en el posible significado de la visión, to-caron a la puerta los mensajeros enviados por Cornelio.

Dios le había enviado un ángel al gentil Cornelio en una visión a prepa-rarlo para escuchar la palabra de salvación y gracia. Según las instrucciones que le diera el ángel, Cornelio le envío mensajeros a Pedro, que estaba en Jope. Cuando Pedro escuchó el relato, comprendió la visión que había tenido.

Judío obstinado, Pedro siempre había considerado contrario a la Ley el andar en compañía de alguien de otra nación, o visitarlo en su casa. Si Dios no le hubiera ordenado claramente que fuera, jamás habría ido a la casa de Cornelio.

Dios le había dicho con toda claridad que, puesto que él haría limpios a los gentiles desde ese momento por la fe en Cristo, Pedro no debería llamar impuro lo que Dios había purificado. Así pudo transformar la estrechez de pensamiento de Pedro.

De esta forma, Dios abrió un camino, el camino pentecostal, para los gentiles, los que estaban reunidos en la casa del centurión pagano Cornelio, a fin de que recibieran la salvación y la plenitud del Espíritu Santo por medio de su fe en Cristo.

Observemos cuidadosamente este encuentro en el que el Espíritu San-to descendió sobre los gentiles de la casa de Cornelio. Pedro les predi-có a los que se habían reunido allí. Comenzó con la profecía de Juan el Bautista, después habló del ministerio de Jesús, incluyendo su muerte y resurrección, y terminó diciendo: «De éste dan testimonio todos los pro-fetas, que todos los que en él creyeren, recibirán perdón de pecados por su nombre» (Hechos 10:43).

Precisamente mientras él decía aquellas palabras, el Espíritu Santo descendió de pronto sobre todos los que las estaban oyendo.

Mientras aún hablaba Pedro estas palabras, el Espíritu Santo cayó sobre todos los que oían el discurso. Y los fieles de la circuncisión que habían venido con Pedro se quedaron atónitos de que también sobre los gentiles se derramase el don del Espíritu Santo. Porque los oían que hablaban en lenguas, y que magnificaban a Dios (Hechos 10:44-46).

Tan pronto como aquellas personas oyeron la palabra de verdad, que se obtiene la salvación al creer en Jesucristo, creyeron y dijeron un amén al maravilloso poder del Espíritu Santo.

¿Cómo pudieron las otras personas saber que los gentiles de la casa de Cornelio habían recibido el bautismo en el Espíritu, y dar testimonio de ello? Cuando leemos el relato bíblico con imparcialidad y sin prejuicio alguno, la prueba es evidente. A pesar de que en su testarudez los judíos creían que la salvación y la plenitud del Espíritu no eran para los gentiles, la obra de Dios se desarrolló tan maravillosamente, que no la pudieron negar, «porque los oían que hablaban en lenguas, y que magnificaban a Dios» (Hechos 10:46).

Observemos de nuevo Hechos 10:45 y 46. En este pasaje, el vocablo griego traducido *porque* es una conjunción causal que significa «al ver que», o «puesto que». Los judeocristianos circuncisos estaban atónitos «porque [al ver que, puesto que] los oían que hablaban en lenguas, y que magnificaban a Dios».

Esto nos indica que los primeros cristianos veían en las lenguas la señal externa y objetiva del bautismo en el Espíritu Santo.

ÉFESO

El cuarto relato de Hechos sobre el bautismo en el Espíritu tuvo lugar en Éfeso. Habían pasado unos cuarenta años desde el primer derramamiento del Espíritu Santo en el aposento alto de Jerusalén el día de Pentecostés.

Los discípulos, llenos del Espíritu, predicaban ahora el evangelio con fortaleza, revestidos de gran poder de lo alto. Como consecuencia, tenían que soportar numerosas persecuciones y tribulaciones, pero nada podía detenerlos.

El evangelio había sacudido a Judea; se había extendido hasta Samaria; ahora avanzaba hacia los confines de la tierra, gracias en gran parte a los esfuerzos del apóstol Pablo.

Antes de convertirse en cristiano y apóstol, Pablo, conocido entonces como Saulo, había perseguido a la iglesia con fiera pasión. Había capturado a los creyentes para arrojarlos en prisión, e incluso algunos habían perdido la vida. Con todo, había una escena que no podía olvidar:

el apedreamiento del diácono Esteban. Mientras le lanzaban piedras y lo maltrataban con palabras ofensivas, Esteban no manifestó resistencia ni deseos de venganza. Su rostro brillaba como el de un ángel. Había muerto orando para que Dios perdonara y bendijera a los que lo apedreaban. Saulo no había podido comprender aquella escena.

Sin embargo, la persecución de la iglesia por parte suya, y la opresión que ejercía sobre los creyentes se volvían cada vez más feroces. Con una autorización especial del sumo sacerdote de Jerusalén, iba de camino para lanzar el caos sobre la iglesia de Damasco, cuando otra experiencia lo sacudió por completo.

Las Escrituras la relatan en detalle. Mientras viajaba hacia Damasco, lo rodeó una luz celestial. Se dice que el sol resplandeciente del mediodía de Damasco es como una lluvia de luz. Sin embargo, la luz que brilló sobre Pablo era más brillante aún, e hizo que quedara ciego y cayera por tierra. Al caer en tierra escuchó la voz de Jesús: «Saulo, Saulo, ¿por qué me persigues?» (Hechos 9:4). Ciego aún, tuvieron que conducirlo a Damasco. Durante tres días ayunó y oró arrepentido. Más tarde, un creyente llamado Ananías oró para que recibiera de nuevo la vista.

Pronto, Saulo cambió su nombre por el de Pablo, y cuarenta años después de Pentecostés, fue a Éfeso a predicar. Cuando se encontró en aquella ciudad con algunos creyentes, estos recordaron que había perseguido a la iglesia y muchos tuvieron miedo de él.

Desde el punto de vista espiritual, aquel puñado de creyentes carecían de vida, reducidos a un esqueleto de ritos y formalismo. Hablando de manera figurada, era como si estuvieran a punto de morir.

¿Cuál fue la primera pregunta que les hizo el gran apóstol Pablo?

Es una pregunta a la cual muchas iglesias de hoy, atadas por las ceremonias, el formalismo y las formas de pensamiento centradas en el hombre, debieran prestar atención: «¿Recibisteis el Espíritu Santo cuando creísteis?» (Hechos 19:2).

Muchos que quieren esconder su falta de poder a base de justificarse con su teología, se hallan muy bien preparados para responder a esta pregunta. Responden de inmediato y con gran facilidad: «Por supuesto que recibimos al Espíritu Santo cuando creímos». Sin embargo, basta mirar la Biblia un poco más de cerca para que se nos revele lo necia que es esta respuesta. Si recibiéramos el bautismo en el Espíritu Santo en el momento de creer, que era a lo que se estaba refiriendo Pablo, ¿por qué se habría tomado el esfuerzo de hacerles la pregunta?

Recibimos la salvación por medio de la regeneración, al creer en Jesús, y por obra de su Espíritu Santo, pero el creyente nacido de nuevo solo puede recibir autoridad y poder plenos cuando recibe la plenitud del Espíritu Santo, después de haber creído. Los discípulos de Éfeso deben de haber sido creyentes sinceros. Cuando el apóstol les hizo la pregunta, no le escondieron nada: «Ni siquiera hemos oído si hay Espíritu Santo» (Hechos 19:2).

¡En qué estado tan lamentable se hallaban, que ni siquiera habían oído decir que existiera el Espíritu Santo!

Tan pronto como el apóstol Pablo oyó aquello, les predicó con toda claridad el evangelio de salvación en Jesucristo y los bautizó en agua en el nombre de Jesús.

¿Habría bautizado en agua a personas que no hubieran nacido de nuevo? No. Los cristianos de Éfeso eran creyentes genuinos, que habían aceptado a Jesucristo como Salvador, pero Pablo observó que no habían recibido el bautismo en el Espíritu Santo.

Después de esto, tuvo una reunión de oración por una razón: para pedir para ellos el bautismo en el Espíritu. ¿Tienen nuestras iglesias de hoy reuniones de oración especiales para recibirlo?

Cuando Pablo les impuso las manos, el Espíritu Santo descendió sobre ellos. La Biblia describe la escena de esta forma: «Y habiéndoles impuesto Pablo las manos, vino sobre ellos el Espíritu Santo; y hablaban en lenguas, y profetizaban» (Hechos 19:6).

RESUMEN

¿No resulta significativo que las lenguas y la profecía se manifestaran inmediatamente después de la venida del Espíritu Santo? No podemos quebrantar las Escrituras, ni tampoco debemos batallar con ellas. Cuando estudiamos las escenas en las que el Espíritu Santo se derramó a principios de la vida de la iglesia, llenando la vida de los creyentes, solo podemos encontrar una señal común indiscutible. ¿Cuál es?

Vimos que el viento, el fuego y las lenguas estaban presentes en el aposento alto de la madre de Juan Marcos en el día de Pentecostés. Deducimos que estas señales estuvieron presentes en Samaria también. En la casa de Cornelio, los creyentes hablaron en lenguas y alabaron a Dios. Más tarde, en Éfeso, hablaron en lenguas y profetizaron. Todos los que observaron estos incidentes de la Biblia en los que se recibió la plenitud del Espíritu Santo, dirían que los creyentes hablaron en otras lenguas según el Espíritu les daba que hablasen.

Por supuesto, vuelvo a repetir que hablar en lenguas no es en sí mismo la plenitud del Espíritu, pero tal como lo confirman las Escrituras, las lenguas son la señal externa siempre presente de que una persona ha sido bautizada en el Espíritu Santo.

7
Cómo recibir el bautismo en el Espíritu Santo

Si queremos saber cómo se recibe el bautismo en el Espíritu, es necesario que investiguemos cómo lo recibían los primeros cristianos.

Una mirada a la era apostólica

Después de ver a Jesucristo ascender al cielo desde el monte de los Olivos, los discípulos, en obediencia a su mandato, se reunieron para orar fervientemente en unanimidad (vea Hechos 1:14).

Hoy en día, como en el pasado, los que quieran recibir la promesa del bautismo en el Espíritu necesitan tener ferviente expectación, y un gran deseo de recibirlo.

Durante mis campañas evangelísticas he visto a miles de creyentes recibir el Espíritu Santo. Casi sin excepción, la bendición ha descendido cuando los que la buscaban se decidieron a recibirla de verdad, sin tener en cuenta las circunstancias ni la dignidad propia, en medio de lágrimas de ansiosa expectación.

Si los que quieren recibir el bautismo en el Espíritu tienen dudas con respecto a sus propios deseos; si oran con una actitud tibia para que Dios se lo conceda «si quiere», no podrán recibirlo, por mucho que oren. La bendición del bautismo en el Espíritu siempre llega a quien está decidido a no abandonar su búsqueda antes de obtener una respuesta a su urgente necesidad.

En Hechos 8, los creyentes de Samaria recibieron el bautismo en el Espíritu cuando Pedro y Juan les impusieron las manos.

Igual le sucedió a Saulo (Pablo), quien lo recibió cuando Ananías le impuso las manos (vea Hechos 9:10-18). Los doce creyentes de Éfeso también recibieron el bautismo en el Espíritu cuando Pablo les impuso las manos (vea Hechos 19:1-7).

Hoy en día también sucede con frecuencia que las personas reciben el bautismo en el Espíritu Santo cuando se les imponen manos y se ora con ellas.

Por supuesto, nadie podrá recibirlo si no tiene deseos, aunque se le impongan manos; tampoco cuando no tenga el corazón preparado o no tenga una fe ferviente que lo impulse a recibirlo.

Por otra parte, si hay siervos de Dios llenos del Espíritu que le imponen manos, podrá recibir el bautismo en el Espíritu cuando tenga un fuerte anhelo de recibirlo, aunque su oración sea débil.

Por último, Hechos 10:44-48 relata el derramamiento del Espíritu sobre los gentiles de la casa de Cornelio. El versículo 44 dice: «Mientras aún hablaba Pedro estas palabras, el Espíritu Santo cayó sobre todos los que oían el discurso».

Estas personas fueron todas bautizadas en el Espíritu mientras escuchaban la predicación de Pedro.

Lo he visto suceder. Mientras predicaba un sermón sobre el Espíritu Santo, lo he visto derramarse como lluvia sobre los corazones que estaban preparados. Hablaban en lenguas, glorificando a Dios en un lenguaje celestial, como los creyentes de la casa de Cornelio.

Hoy en día no se predica fielmente la verdadera Palabra de Dios desde muchos púlpitos. ¿Cómo puede la gente escuchar la Palabra, si no se le predica? Hay gente que, aunque ha adorado en las iglesias, no ha experimentado un mover profundo de la maravillosa gracia de Dios en su Espíritu Santo.

Cuando un siervo de Dios bautizado en su Espíritu predica la Palabra ungida, entre sus oyentes se experimentará un fuerte mover del Espíritu Santo.

LA PREPARACIÓN DEL CORAZÓN

¿Cómo preparamos el corazón para recibir el bautismo en el Espíritu Santo?

En primer lugar, los que quieran recibirlo no solo deberán tener este anhelo, sino también conocimiento y comprensión de las fieles promesas de Dios; él nos sigue dando la misma plenitud del Espíritu Santo que derramaba en la era apostólica. Las Escrituras llegan a esta conclusión: «Pero pida con fe, no dudando nada; porque el que duda es semejante a la onda del mar, que es arrastrada por el viento y echada de una parte a otra. No piense, pues, quien tal haga, que recibirá cosa alguna del Señor. El hombre de doble ánimo es inconstante en todos sus caminos» (Santiago 1:6-8).

Si usted esta buscando recibir el bautismo en el Espíritu con una actitud de duda, sin una confianza plena en las promesas de Dios, está malgastando tiempo y esfuerzo.

La Biblia nos enseña: «Así que la fe es por el oír, y el oír, por la palabra de Dios» (Romanos 10:17). Debemos comenzar por hacer un estudio del libro de Hechos con el corazón bien abierto, escuchando los testimonios de los que han recibido el bautismo en el Espíritu. Es necesario que nos quitemos del corazón todos los prejuicios humanos.

Una vez convencidos de que la bendición del bautismo en el Espíritu es para nosotros hoy, necesitamos arrepentirnos ante Dios de todos los pecados no confesados y confiar en que la sangre preciosa de Cristo nos purificará completamente. Debemos limpiar de todo pecado nuestra vida antes de orar para pedir la experiencia del bautismo en el Espíritu.

Pedro dice en Hechos 2:38: «Arrepentíos, y bautícese cada uno de vosotros en el nombre de Jesucristo para perdón de los pecados; y recibiréis el don del Espíritu Santo».

¿Significa este mandato de arrepentirnos y bautizarnos todos en el nombre de Jesucristo para el perdón de los pecados, que a menos que estemos bautizados en agua no recibiremos el perdón de los pecados ni el bautismo en el Espíritu?

Parece que no, puesto que, cuando Pedro predicó el evangelio en la casa de Cornelio, los gentiles fueron llenos del Espíritu Santo aun antes de pasar por el proceso del bautismo en agua.

Es por demás decir que Dios no les puede conceder el bautismo en el Espíritu Santo a quienes no hayan recibido la remisión de sus pecados ni su salvación.

Cuando nos arrepentimos y creemos en el evangelio, recibimos el perdón de nuestros pecados y la salvación. También debemos tratar de recibir el bautismo en agua cuanto antes, como señal externa de nuestra salvación. Sin embargo, llegar a la conclusión de que, a menos que estemos bautizados en agua, no podremos recibir el perdón de los pecados ni el bautismo en el Espíritu Santo, va en contra de las enseñanzas de la Biblia.

He visto a centenares de miles de personas arrepentirse y creer en el Señor Jesucristo como su Salvador, y después recibir el bautismo en el Espíritu Santo antes de ser bautizadas en agua.

En Hechos 10:48, el apóstol Pedro da indicaciones respecto a los gentiles que han recibido no solo el perdón de sus pecados, sino también el bautismo en el Espíritu: «Y mandó bautizarles en el nombre del Señor Jesús».

En los días de los apóstoles, era un fenómeno frecuente que los creyentes recibieran el bautismo en el Espíritu Santo tan pronto como recibían la salvación. En cambio, hoy hay un gran numero de creyentes que podrían decir: «Ni siquiera hemos oído si hay Espíritu Santo» (Hechos 19:2). ¡Qué comentario tan triste!

De manera que, aunque el bautismo en agua no es un requisito previo para el bautismo en el Espíritu, el arrepentimiento sí lo es, porque el Espíritu Santo no puede tomar posesión completa de un vaso donde se esconda el pecado.

Al orar para recibir el bautismo en el Espíritu, suele haber dos clases de pecados de los que tenemos que arrepentimos: ¿Hemos desobedecido a sabiendas la voluntad de Dios? ¿Hemos descuidado el deber de los creyentes de creer la Palabra de Dios en cuanto a la plenitud del Espíritu?

El primero de estos pecados es el de desobediencia. Antes de creer en el Señor Jesús éramos rebeldes contra Dios y cometíamos muchas clases de pecados. Cuando nos arrepentimos y lo aceptamos como Salvador, recibimos la remisión de esos pecados. Sin embargo, debido a nuestro largo tiempo de rebeldía, nuestros corazones han estado tan endurecidos, que no es fácil quebrantarnos. Aunque hayamos recibido el perdón de los pecados y la salvación, cuando queramos recibir el bautismo en el Espíritu debemos arrepentirnos amargamente una vez más, pidiéndole a Dios que nos perdone y nos limpie de nuestra voluntariedad.

Para podernos quebrantar ante el Señor y para que él nos purifique, debemos arrepentirnos de todas las transgresiones que recordemos.

Recuerdo que durante dos años, lloraba continuamente cada vez que oraba para recibir el bautismo en el Espíritu Santo. Aunque lloraba y oraba mucho, no lo recibía. Al principio estaba muy sediento, pero más tarde me fui sintiendo desilusionado y frustrado.

Entonces, estando ya en el segundo año del instituto bíblico, oré decidido a no salir de aquel lugar donde estaba sentado hasta recibir el bautismo en el Espíritu. Al mismo tiempo, confesé profundamente una vez más los pecados que había cometido desde la niñez. De pronto, mi espíritu se quebrantó; el Espíritu Santo de Dios se movió sobre mí y dentro de mí, llenándome. Comencé a hablar en otras lenguas, según el Espíritu me daba que hablase.

El segundo pecado del que debemos arrepentirnos es el endurecimiento. Santiago 4:17 dice: «Al que sabe hacer lo bueno, y no lo hace, le es pecado». Aunque seamos salvos y vivamos como cristianos, si hemos sido perezosos, debemos arrepentirnos de ese pecado de pereza. Debemos arrepentirnos de no haber tenido a Dios en el centro de nuestra vida. Si no hemos buscado en primer lugar el reino y su justicia, no hemos agradado a Dios.

Cuando nos arrepintamos de nuestros pecados, el poder de estos quedará quebrantado. Al orar pidiendo el bautismo en el Espíritu, tendremos una relación correcta con Dios; un corazón obediente, dispuesto a hacer su voluntad.

Tanto como podamos, necesitaremos reparar relaciones y restituirles a otras personas lo que les debamos. Necesitamos pedirles perdón y hacerles devolución de lo que les pertenece. A diferencia del arrepentimiento solo de palabra, el arrepentimiento y la confesión que salen del centro del corazón van seguidos por el fruto de la acción.

Cuando tengamos el corazón preparado de esta manera, al Espíritu Santo de Dios le será mucho más fácil descender sobre nosotros.

Con frecuencia, los que sienten el deseo de recibir el bautismo en el Espíritu después de escuchar el conmovedor testimonio de otra persona, deciden que quieren recibirlo de la misma forma. Sin embargo, el Espíritu Santo no tiene por qué hacer las cosas de acuerdo con la forma en que se las pedimos. Algunas veces llega en medio de la tranquilidad, como una suave lluvia. Otras, tumultuosamente, como el trueno. Aunque el Espíritu Santo se haga conocer de maneras distintas, sigue siendo el mismo; la tercera persona de la trinidad.

UNA NOTA DE ADVERTENCIA

Después de confesar nuestros pecados, ¿cómo debemos orar para recibir el bautismo en el Espíritu? Permítame hacerle unas cuantas observaciones o advertencias al respecto.

En primer lugar, no debemos pedirlo con una intención equivocada. En lenguaje llano, no debemos clamar a Dios para poder alardear, o deleitarnos en la atención especial que puede acompañar a la posesión de un gran poder. Las personas que lo han pedido con intención errada, en ocasiones han recibido un espíritu distinto, como puede ser el de codicia, y no al Espíritu Santo.

En cambio, cuando la intención de nuestro corazón es pura; cuando lo que queremos es ser vasos más poderosos y eficaces para que Dios nos pueda usar, cuando queremos convertirnos de todas las maneras posibles en instrumentos mejores de Dios y dar testimonio de un espíritu semejante al de Cristo, los espíritus malignos no se nos podrán acercar siquiera.

Jesús habló de esta seguridad en Lucas 11:11-13:

¿Qué padre de vosotros, si su hijo le pide pan, le dará una piedra? ¿O si pescado, en lugar de pescado, le dará una serpiente? ¿O si le pide un huevo, le dará un escorpión? Pues si vosotros, siendo malos, sabéis dar buenas dádivas a vuestros hijos, ¿cuánto más vuestro Padre celestial dará el Espíritu Santo a los que se lo pidan?

Por consiguiente, cuando oremos para pedir el bautismo en el Espíritu, a fin de que se pueda cumplir mejor la voluntad de Dios sobre nuestra vida, y no satisfacer nuestros apetitos o nuestra codicia, podemos esperar que recibiremos lo que hemos pedido.

Esta segunda advertencia no se aplica a las personas que tienen predisposición a un carácter alegre, sino al tipo de persona que es pesimista e inclinada a mantenerse oscuramente solitaria en su corazón. Puesto que este tipo de persona ha estado oprimida por tanto tiempo sin saberlo por un espíritu negativo, si trata de orar apresuradamente, pidiendo el bautismo en el Espíritu, sin limpiarse completamente primero de ese espíritu negativo, puede caer en agonía y llegar a ser dominado por otro espíritu de morbidez.

En cambio, si este tipo de persona se ha preparado lentamente hasta que su mundo interno, a través de la recepción de la Palabra de Dios y del perdón en su corazón, se ha vuelto resplandeciente, gozoso y positivo, recibirá un maravilloso bautismo en el Espíritu.

Cuando este tipo de persona llega a tener una actitud mental gozosa y positiva, ya ha vencido al diablo y se ha librado de él. Puede orar sin ansiedad ninguna para pedir el bautismo en el Espíritu Santo.

En tercer lugar, es frecuente que una larga enfermedad continua que desgaste el cuerpo vaya seguida por una opresión demoníaca. Los que están débiles de mente y de cuerpo, que han sufrido una enfermedad por largo tiempo, deberían purificarse de nuevo con la preciosa sangre de Jesús. Si tienen inclinación a dejarse oprimir por el diablo, podría suceder que los siguiera oprimiendo aunque oren para recibir el bautismo en el Espíritu.

Hechos 10:38 nos enseña que durante su ministerio, Jesús sanó todas las enfermedades y dolencias causadas por la opresión del diablo: «Cómo Dios ungió con el Espíritu Santo y con poder a Jesús de Nazaret, y cómo éste anduvo haciendo bienes y sanando a todos los oprimidos por el diablo, porque Dios estaba con él».

Casi siempre que he orado por alguien débil de mente o de cuerpo para que reciba el bautismo en el Espíritu Santo, el diablo ha tratado de impedírmelo. Sabedores de esto, los que han sufrido esta opresión deben orar para recibir el bautismo en el Espíritu, reclamando para sí de una manera especial la sangre preciosa de Jesús.

En cuarto lugar, las personas que sirvieron al diablo mucho antes de aceptar al Señor, deben poner un cuidado especial. Antes de orar para recibir el bautismo en el Espíritu, deben enterrar todas las relaciones que tuvieron en el pasado con el diablo, arrepentirse plenamente de sus pecados y llegar a la victoria que todos los creyentes podemos tener sobre el diablo. Entonces, cuando oren para pedir el bautismo en el Espíritu, podrán pedir la paz y el gozo de Cristo sin temor alguno, ni sensación alguna de opresión demoníaca. Sin embargo, en algunas ocasiones, estas personas podrían ser vulnerables aún a nivel subconsciente, si abren el corazón.

En quinto lugar, los que oran fervorosamente para recibir el bautismo en el Espíritu Santo no deben permitir que sea cualquiera quien les imponga las manos en oración. Deben estar tan seguros de que la persona que les va a imponer las manos sea una persona llena del Espíritu de verdad. No la deben buscar por su fama o espectacularidad en el ministerio, sino por su cercanía al Señor.

En sexto lugar, tenga cuidado con ir solo a una montaña o cueva para orar. De vez en cuando hay quienes han oído hablar de otros que han recibido mucha gracia en una montaña de oración y desean visitar ese lugar también. Entonces, puesto que su fe no era tan valiente, se han sentido asustados, e incluso oprimidos por espíritus malignos que se han aprovechado de ese momento de temor.

A lo largo de todo mi ministerio, al predicar acerca del Espíritu Santo, he visto incontables ejemplos de lo que he descrito en esta sección. Debido a estas experiencias, he ido recibiendo amplios conocimientos acerca de las formas de liberar a la gente de la esclavitud del diablo.

Estudiemos a continuación la forma de discernir entre el Espíritu Santo y los espíritus malignos.

8
EL DISCERNIMIENTO DE ESPÍRITUS MALIGNOS EN UNA PERSONA

Hay dos fuerzas espirituales que nos rodean. Debido al gran amor de Jesús por sus redimidos, les ha enviado al Espíritu Santo y a numerosos ángeles. Estos tienen la orden de ser espíritus ministradores, «enviados para servicio a favor de los que serán herederos de la salvación» (Hebreos 1:14).

No es solo el Espíritu Santo quien está con nosotros siempre, sino muchos ángeles también. Por su parte, Satanás, el enemigo, quien es el príncipe de las potestades del aire, está tramando continuamente un siniestro complot para «hurtar y matar y destruir», enviando espíritus malignos e inmundos que andan por todo el mundo (Juan 10:10). Como dice el apóstol Juan: «Sabemos que somos de Dios, y el mundo entero está bajo el maligno» (1 Juan 5:19).

Viendo que todas estas cosas son ciertas, he llegado a darme cuenta de que los creyentes necesitamos discernir estos espíritus. Si usted no tiene el don especial de discernimiento de espíritus, discierna la obra de los espíritus malignos siguiendo las enseñanzas de Cristo.

LOS ÁRBOLES SE CONOCEN POR SUS FRUTOS
Jesús enseña en Mateo 7:15-20:

> Guardaos de los falsos profetas, que vienen a vosotros con vestidos de ovejas, pero por dentro son lobos rapaces. Por sus frutos los conoceréis. ¿Acaso se recogen uvas de los espinos, o higos de los abrojos? Así, todo buen árbol da buenos frutos, pero el árbol malo da frutos malos. No puede el buen árbol dar malos frutos, ni el árbol malo dar frutos buenos. Todo árbol que no da buen fruto, es cortado y echado en el fuego. Así que, por sus frutos los conoceréis.

Aunque usted haya tenido una experiencia o inspiración fantásticamente maravillosa, si el fruto que produce no está de acuerdo con la Palabra de Dios ni con el fruto del Espíritu Santo, nunca podrá ser un fruto nacido del Espíritu de Dios.

Jesús nos advierte también:

> Muchos me dirán en aquel día: Señor, Señor, ¿no profetizamos en tu nombre, y en tu nombre echamos fuera demonios, y en tu nombre hicimos muchos milagros? Y entonces les declararé: Nunca os conocí; apartaos de mí, hacedores de maldad (Mateo 7:22,23).

Nunca debemos dar por sentado, apoyados únicamente en la base de sus aspectos sobrenaturales, que una obra seguida por señales y prodigios es obra de Dios. Siempre debemos mirar al fruto, o a la verdadera naturaleza de esa obra. El diablo, aunque se nos presente disfrazado de oveja, no puede esconder ni falsificar su carácter. Examinemos ahora los frutos del diablo.

EL DIABLO ES MALIGNO

La Biblia enseña que «el reino de Dios ... es ... justicia, paz y gozo en el Espíritu Santo» (Romanos 14:17). En cambio, cuando llega Satanás disfrazado como el Espíritu Santo, le roba a la persona el amor, el gozo y la paz.

Santiago 3:14-18 nos da una clara norma para juzgar:

> Pero si tenéis celos amargos y contención en vuestro corazón, no os jactéis, ni mintáis contra la verdad; porque esta sabiduría no es la que desciende de lo alto, sino terrenal, animal, diabólica. Porque donde hay celos y contención, allí hay perturbación y toda obra perversa.
>
> Pero la sabiduría que es de lo alto es primeramente pura, después pacífica, amable, benigna, llena de misericordia y de buenos frutos, sin incertidumbre ni hipocresía. Y el fruto de justicia se siembra en paz para aquellos que hacen la paz.

Las personas deprimidas por el espíritu del diablo sienten una fuerte interferencia en todo. Esa interferencia puede llegar a ser tan grande, que la persona comienza a preguntarse: Si es el Espíritu Santo, ¿cómo puede actuar con tanta frivolidad e impulsarme a hacer cosas tan poco pensadas?

A veces, el espíritu del diablo trata de darnos indicaciones que imitan bastante bien al Espíritu Santo. No solo se trata de cosas pequeñas, sino también de problemas en la fe. Los espíritus malignos también esparcen el negativismo y la ansiedad. En resumen, los espíritus malignos nos envían incesantemente interferencias proféticas.

En Isaías aparecen unas palabras muy claras que nos hablan de lo que es estar asociado con espíritus familiares: «Y si os dijeren: Preguntad a los encantadores y a los adivinos, que susurran hablando, responded: ¿No consultará el pueblo a su Dios? ¿Consultará a los muertos por los vivos?» (Isaías 8:19).

Es muy probable que esos supuestos creyentes que andan por ahí charlataneando y farfullando profecías tengan espíritus familiares, y se les debe parar.

Las profecías que vienen del Espíritu Santo aparecen cuando Dios necesita darle su mensaje a su pueblo. Vienen de manera delicada y acompañadas por una fuerte sensación interna de confirmación y seguridad de que el mensaje procede realmente de Dios.

EL DIABLO ES INMUNDO

En muchos lugares de la Biblia se llama «inmundos» a estos espíritus (vea Mateo 10:1; Marcos 1:27; Lucas 6:18). Los espíritus inmundos, espíritus del diablo, hacen brotar continuamente imaginaciones sucias contra nuestra propia voluntad. Estas se agarran a nuestro corazón como la yedra, a diferencia de los pensamientos ocasionales, que pasan. Algunas veces, los espíritus inmundos causan que las personas tengan malos pensamientos mientras leen la Biblia. En ocasiones las hacen sentirse mal cuando están en presencia de creyentes llenos del Espíritu. Los que están oprimidos por espíritus inmundos viven en una agonía, repletos de imaginaciones lujuriosas y sucias que se desbordan en su mente como una sentina. Cuando oyen la Palabra de Dios, les afligen el corazón una serie de acusaciones falsas incontrolables, y se alzan arrogantes pensamientos en su interior, como las serpientes cuando levantan la cabeza.

Lucas 6:18 dice que estos espíritus inmundos pueden «atormentar». El Espíritu Santo de Dios nos trae gozo, paz y refrigerio; en cambio, los espíritus malignos nos traen agonía y tribulación, tanto mental como corporal.

Aunque crea que ha recibido al Espíritu Santo, si sigue en agonía, temor y tribulación continuos, esto es señal de que lo oprimen espíritus malignos.

Por muy engañosamente que se disfrace el diablo, cuando vea este tipo de frutos, sabrá que su verdadera personalidad es la de un lobo rapaz.

Discernimiento del concepto de Cristo que tiene la persona

La pregunta más importante al discernir espíritus es: ¿Qué dice esa persona sobre Cristo?

Las demás discrepancias en doctrina no alcanzan al punto de ser de vida o muerte. En cambio, las enseñanzas falsas sobre la gracia salvadora de Jesucristo les acarrean la destrucción eterna a quienes las predican, y a quienes las escuchan y siguen.

El apóstol Juan escribe en 1 Juan 4:1-3:

> Amados, no creáis a todo espíritu, sino probad los espíritus si son de Dios; porque muchos falsos profetas han salido por el mundo. En esto conoced el Espíritu de Dios: Todo espíritu que confiesa que Jesucristo ha venido en carne, es de Dios; y todo espíritu que no confiesa que Jesucristo ha venido en carne, no es de Dios; y este es el espíritu del anticristo, el cual vosotros habéis oído que viene, y que ahora ya está en el mundo.

Aunque alguien insista en que ha recibido el bautismo en el Espíritu Santo, y aunque profetice cosas maravillosas y haga cosas poderosas, si no afirma que Jesucristo nació de una virgen y fue crucificado por la redención de todo el mundo, no es de Cristo. Si no afirma que Jesucristo se levantó de la tumba al tercer día, que ascendió a los cielos y está sentado a la derecha del trono de Dios, que volverá con el mismo aspecto con que resucitó en la carne, no estará enseñando por el Espíritu Santo, sino por el espíritu del anticristo.

Teniendo en cuenta esto, en muchos países hay incontables grupos religiosos que conducen a un gran número de personas a la destrucción con unas doctrinas completamente falsas sobre Cristo.

Pondré algunos ejemplos que nos parecerán familiares. Es posible que alguien insista en que es «el Cristo», o que otro sostenga que es «el único Cordero», al mismo tiempo que amenaza a la gente diciendo que si no los siguen, no serán salvos. Otros sostendrán que no hace falta que Jesús sea nuestro mediador, porque es posible comunicarse directamente con el Padre. Puesto que hay un espíritu tan caótico en el mundo, debemos abstenernos de «creer a todo espíritu» y ser muy estrictos en cuanto a «probar los espíritus si son de Dios».

Cuando veo creyentes amarrados a alguien que se ha nombrado «hombre de la gracia» a sí mismo, y que manifiesta poderes misteriosos, y los veo que lo siguen incondicionalmente, rindiendo el alma misma ante él, no puedo evitar un suspiro de angustia. No han sido lo suficientemente cautelosos.

DISCERNIMIENTO DE LAS PALABRAS
DE LA PERSONA

La manera de hablar de un ser humano nos deja ver su personalidad y pensamientos. Las mujeres airadas usan lenguaje airado. Los hombres vulgares usan lenguaje vulgar. Los hombres misericordiosos usan un lenguaje de misericordia, y las mujeres buenas usan buenas palabras.

La Biblia también enseña esto con claridad: «Nadie que hable por el Espíritu de Dios llama anatema a Jesús; y nadie puede llamar a Jesús Señor, sino por el Espíritu Santo» (1 Corintios 12:3).

Por consiguiente, cuando oigamos que alguien afirma haber recibido gracia, necesitamos escucharla discreta y cuidadosamente. Para discernir el espíritu de una persona, ¿a qué debemos escuchar?

QUE NO SE ALABE A SÍ MISMO

Cuando una persona que afirma haber recibido al Espíritu Santo se alaba a sí misma cada vez que tiene oportunidad, en lugar de darle la gloria a Jesús, no está hablando por el Espíritu de Cristo, sino por el de soberbia.

El diablo siempre se agita y rabia como una serpiente lista para atacar, y todo esto en un esfuerzo por causar impresión. Si lo que habla una persona la honra a ella misma y no a Cristo, esas palabras tienen una procedencia maligna; no vienen del Espíritu Santo.

Algunas veces, una persona que profesa haber recibido gracia en abundancia, se me acerca para decirme: «Pastor, he recibido mucha gracia. El Espíritu Santo me dijo que me ama a mí de manera especial, y que me hará un gran siervo, usándome poderosamente». Si sigo escuchando, es frecuente que llegue a sentir repugnancia, porque aquella persona no está diciendo cosas que honran a Cristo y a Dios; sus palabras solo son de autoalabanza.

El Espíritu Santo glorifica a Dios (vea Hechos 10:46) y revela la gloria de Cristo a través de nosotros, llenándonos y mostrándonos lo que él recibió de Cristo (vea Juan 16:1-14).

Ya sea en conversación privada o pública, si una persona, incluso un siervo del Señor, hace alarde de su grandeza y no de la de Cristo, ya ha sido atrapada por el espíritu del anticristo.

QUE NO AMENACE NI HIERA A LOS DEMÁS

Cuando una persona que profesa haber recibido al Espíritu Santo, no hace más que amenazar y chantajear a otros; cuando no duda en utilizar lenguaje rudo e hiriente, debemos tener cuidado.

Cierta hermana que afirmaba haber sido bautizada en el Espíritu iba siempre acompañada por una especie de nube de terror, en lugar de acompañarla el amor y la paz. Si alguien la corregía, le lanzaba una maldición. ¿Cómo es posible que la personalidad del Espíritu Santo de Dios, quien es manso y humilde, habite en la vida de alguien que habla cosas así? ¿Cómo puede ese tipo de persona, que afirma hablar en nombre del Espíritu Santo y haber sido favorecida con bendiciones especiales, llamar a las puertas de los creyentes para lanzarles calumnias a los miembros de la iglesia y exigir sin escrúpulo alguno que se le dé dinero para que se calle?

UNA ADVERTENCIA

Antes de afirmar que son maravillosas las obras de una persona, debemos observar primero si alaba a Dios y predica que Cristo es el Señor. Debemos ver evidencias de humildad, de que es una persona que ha buscado refugio en la cruz, que habla y actúa según el fruto del Espíritu Santo.

El apóstol Pablo nos advierte acerca de los creyentes en los últimos tiempos: «Pero el Espíritu dice claramente que en los postreros tiempos algunos apostatarán de la fe, escuchando a espíritus engañadores y a doctrinas de demonios» (1 Timoteo 4:1).

Dondequiera que existe algo real, existirán también falsificaciones. Por tanto, no solo debemos examinar siempre nuestras propias experiencias espirituales, sino también tratar de discernir los espíritus, a fin de saber cómo guiar nuestras relaciones con los demás creyentes.

9
LOS DONES DEL ESPÍRITU SANTO

En 1 Corintios 12:4-11 se nos da una clasificación de los dones del Espíritu:

Ahora bien, hay diversidad de dones, pero el Espíritu es el mismo. Y hay diversidad de ministerios, pero el Señor es el mismo. Y hay diversidad de operaciones, pero Dios, que hace todas las cosas en todos, es el mismo. Pero a cada uno le es dada la manifestación del Espíritu para provecho. Porque a éste es dada por el Espíritu palabra de sabiduría; a otro, palabra de ciencia según el mismo Espíritu; a otro, fe por el mismo Espíritu; y a otro, dones de sanidades por el mismo Espíritu. A otro, el hacer milagros; a otro, profecía; a otro, discernimiento de espíritus; a otro, diversos géneros de lenguas; y a otro, interpretación de lenguas. Pero todas estas cosas las hace uno y el mismo Espíritu, repartiendo a cada uno en particular como él quiere.

LOS DONES DE DIOS

Veamos lo que dice Pablo: «Hay diversidad de operaciones, pero Dios, que hace todas las cosas en todos, es el mismo» (1 Corintios 12:6).

La palabra *operaciones* se refiere al *método* usado para predicar el evangelio. Más concretamente, se refiere a la operación estratégica general usada para llevar o enviar el evangelio a todo el mundo. Entre las formas y normas de conducta eficaces para dar testimonio del evangelio se incluyen la fundación de nuevas iglesias, el dejarse usar por Dios para que comience un avivamiento, así como fundar y mantener escuelas y hospitales. Todas estas cosas se hallan entre las diversas operaciones que usa Dios para extender el evangelio.

LOS DONES DE JESÚS

Pablo dice también: «Y hay diversidad de ministerios, pero el Señor es el mismo» (1 Corintios 12:5). Esto significa que *Jesucristo* les ha dado este don de ministerio a algunos creyentes para que lleven a cabo importantes papeles de liderazgo y de apoyo dentro de la iglesia. Así como todas las organizaciones del mundo necesitan líderes responsables, también los necesita la iglesia, el cuerpo de Cristo.

En varios lugares de la Biblia se habla de los ministerios. Tomemos como ejemplo 1 Corintios 12:27 y 28, que dicen: «Vosotros, pues, sois el cuerpo de Cristo, y miembros cada uno en particular. Y a unos puso Dios en la iglesia, primeramente apóstoles, luego profetas, lo tercero maestros, luego los que hacen milagros, después los que sanan, los que ayudan, los que administran, los que tienen don de lenguas».

Con respecto a este ministerio, Pablo escribe en Efesios 4:11: «Y él mismo [Jesús] constituyó a unos, apóstoles; a otros, profetas; a otros, evangelistas; a otros, pastores y maestros». Este versículo nos muestra que los creyentes no podemos escoger el tipo de ministerio en el que nos gustaría estar dentro de la iglesia. En lugar de esto, debemos todos hallar el don que hemos recibido de Jesús, para después servir fielmente a Dios en ese lugar de servicio.

LOS DONES DEL ESPÍRITU

Por último, el Espíritu Santo da dones: «Ahora bien, hay diversidad de dones, pero el Espíritu es el mismo» (1 Corintios 12:4).

Los dones del Espíritu Santo son los medios e instrumentos de poder necesarios para llevar a cabo con éxito la operación y administración de la obra de Dios en su iglesia.

Cuando se ha hecho el plan para construir un gran edificio, y se han nombrado arquitecto, constructor y especialistas, entonces se llevan al lugar todos los instrumentos y materiales necesarios para construirlo, y se usan de tal manera que el proyecto sea terminado con éxito y tan pronto como sea posible.

Cuando hay una gran obra que realizar para Dios, el Espíritu Santo les da sus dones a diferentes creyentes dentro de la iglesia, que es el cuerpo de Cristo. Los dones capacitan a esos creyentes para que realicen su obra y asuman su responsabilidad con eficacia. Así crece la obra, gracias a los dones del Espíritu.

Los nueve dones del Espíritu Santo que aparecen en 1 Corintios 12 se podrían agrupar sencillamente dentro de las tres categorías siguientes:

1. Los dones de revelación.
   a. El don de palabra de sabiduría
   b. El don de palabra de ciencia
   c. El don de discernimiento de espíritus
2. Los dones vocales
   a. El don de lenguas

b. El don de interpretación de lenguas
c. El don de profecía
3. Los dones de poder
   a. El don de fe
   b. El don de sanidades
   c. El don de hacer milagros

Los dones de revelación se refieren a comunicaciones sobrenaturales reveladas a través del Espíritu Santo al corazón de quien ha recibido este don. El conocimiento de las experiencias y situaciones de otras personas que se revela por medio de estos dones no es dado a conocer al público hasta que los que hayan recibido uno de estos dones, o todos ellos, decidan hablar.

Los dones vocales tienen que ver con las comunicaciones sobrenaturales que revela el Espíritu Santo de Dios usando la voz humana. Tanto la persona que usa los dones, como quienes la rodean, pueden escuchar estos dones, y por consiguiente, se pueden recibir por medio de los sentidos.

Los dones de poder son aquellos en que el poder de Dios se presenta para manifestar una respuesta milagrosa por medio de una intervención creativa y sobrenatural. Por medio de estos dones, las personas y su ambiente quedan transformados.

Todos estos dones son distribuidos entre los creyentes por el Espíritu Santo según su propia voluntad, para el beneficio y crecimiento de la iglesia, el cuerpo de Cristo.

La manifestación del Espíritu Santo

Algunas veces, los creyentes que han recibido el bautismo en el Espíritu y los dones que lo acompañan, tienen una comprensión muy incorrecta de estas manifestaciones del Espíritu Santo (vea 1 Corintios 12:7).

Algunos creen que todo el que haya recibido el bautismo en el Espíritu y varios de sus dones, puede usar esos dones cuando quiera y como quiera.

Por este motivo, a veces vemos que algunas personas de las que se supone que hayan recibido favores o dones especiales de Dios, tratan de usar esos dones como si el Espíritu Santo fuera un criado personal suyo. Por supuesto, esto es extremadamente peligroso, porque el Espíritu Santo que vive en nosotros es la tercera persona del Dios santo y trino.

Cuando alguien adopta esta actitud, entristece al Espíritu Santo. Cuando se entristece al Espíritu Santo, los dones terminan por cesar de operar a través de la persona. Cuando las personas afectadas sienten esto en su espíritu, suelen volverse arrogantes. Con el fin de hacer creer a los demás que los dones siguen fluyendo a través de ellos, operan en la carne, lo cual equivale a un fraude, diciendo mentiras con frecuencia, para desgracia de la iglesia.

Los dones son posesión del Espíritu Santo mismo. Puesto que son suyos, no pueden existir independientemente, apartados de él. Nadie podrá usarlos jamás a voluntad. Solo el Espíritu Santo puede poseerlos de manera absoluta y manifestarlos a través de los creyentes en los que habita.

Lo cierto no es que sea el hombre quien usa los dones del Espíritu Santo. Es más bien el Espíritu, que ocupa y llena al hombre, quien lo usa, y manifiesta los dones a través de él, según su propia voluntad, momento y situación.

El apóstol Pablo escribe claramente sobre estas indicaciones cuando afirma: «Pero a cada uno le es dada la manifestación del Espíritu para provecho» (1 Corintios 12:7).

Ha habido ocasiones en que unos hombres arrogantes y altivos han tratado de usar al Espíritu Santo como si fuera un payaso de circo. Me he sentido desilusionado y avergonzado cuando he visto que se les glorificaba. No parecían tener idea de que estaban ante la presencia de Dios y de su Espíritu Santo.

No estoy diciendo que estas personas no recibieran los dones del Espíritu. Lo que digo es que han estado sumamente equivocadas en cuanto a la razón de ser de los dones en su vida. Porque habían recibido ciertos dones, pensaron que podían usar al Espíritu Santo a su antojo, y cuando quisieran. En cambio, el Espíritu Santo llena a los creyentes para que se conviertan en vasos que manifiesten los dones solo con el fin de que sean edificados quienes escuchen el evangelio.

¿Cuál debería ser la actitud correcta para un creyente que ha experimentado los dones del Espíritu Santo? Debe humillarse continuamente ante la presencia de Dios, consagrársele como un vaso puro y esperar que el Espíritu Santo manifieste los dones a través de él en el momento y lugar que aquel escoja.

Si el Espíritu Santo decide manifestar diversos dones a través de nosotros, debemos mantener el corazón humilde y totalmente dependiente de él. Esto le abrirá más ampliamente el camino para edificar a su iglesia por medio de sus dones y a través de nosotros.

Yo he tenido la bendita experiencia de que varios dones han operado a través de mi persona, y sigo orando aún para recibir más manifestaciones del Espíritu Santo. La única razón por la que pude levantar una iglesia de quinientos mil miembros en menos de treinta años fue debido a la maravillosa manifestación del Espíritu Santo, fluyendo a través de los dones de revelación, los vocales o los de poder. Mientras esto sucedía, le dábamos a Dios toda la gloria por lo que estaba realizando.

Aún hoy, hay una cosa que me hace temblar de preocupación, y es el pensamiento de que me pueda resistir al Espíritu Santo, o que cuando él se mueva a través de mí para manifestar los numerosos dones con los que edifica su iglesia, se me entienda mal y se crea que hablo por cuenta propia.

En resumen, el Espíritu Santo es el dueño absoluto de los dones. No es posible separarlos de él, y el único propósito que él tiene para manifestar diversos dones a través de las personas, es la edificación de su iglesia.

¿CÓMO SE RECIBEN LOS DONES?

¿Cómo podemos convertirnos en el vaso a través del cual el Espíritu Santo manifestará sus dones?

El Espíritu Santo de Dios no hace acepción de personas, siempre que estas hayan sido bautizadas en él, manifiesten los dones y edifiquen a los creyentes. En 1 Corintios 12:7 dice: «Pero a *cada uno* le es dada la manifestación del Espíritu para provecho», con el fin de aclarar que el Espíritu está dispuesto a usar a todo aquel que haya sido bautizado en él como un vaso a través del cual manifestar sus dones.

En realidad, decir que el Espíritu Santo nos escoge a nosotros como vasos a través de los cuales manifiesta sus dones es más correcto que decir que nosotros los hemos recibido, puesto que, tal como he dicho, su distribución depende absolutamente de la voluntad del Espíritu Santo. Después de hacer la lista de los dones, Pablo dice: «Pero todas estas cosas las hace uno y el mismo Espíritu, repartiendo a cada uno en particular como él quiere» (1 Corintios 12:11).

Si usted desea los dones, la oración correcta no consiste en manifestar su anhelo de recibir ciertos dones concretos. Debe descubrir cuáles dones desea manifestar a través de usted el Espíritu Santo, que vive en usted, según los deseos y la voluntad de él para la edificación de la iglesia.

Hoy en día los educadores de la niñez tratan de descubrir la naturaleza y el temperamento del niño, para desarrollarlos después. De igual manera usted deberá observar cuidadosamente cuáles son los dones que el Espíritu Santo quiere manifestar a través de usted después que haya sido bautizado en él. Una vez que conozca los dones que él ha escogido para darle, cultívelos y desarróllelos permitiéndole que los manifieste por mediación suya.

Poco después de ser bautizado en el Espíritu, yo oraba ciegamente pidiendo más del don que resultaba más popular, el de sanidades, el don de la palabra de sabiduría y el don de la palabra de ciencia. Aunque oraba mucho tiempo y con muchas lágrimas, no aparecían los dones que esperaba. Aunque daba la impresión de que aparecían por un tiempo, no fluían a través de mí de manera notable y constante. En cambio, ciertos dones que no había pedido, o a los que no prestaba gran atención, comenzaron a aparecer en mi vida personal y en mi ministerio como brotes de hierba que salen de la tierra.

Los dones que recibí fueron nada menos que el de fe y el de profecía. Tanto en mi vida personal, como en mi ministerio, la fe sobrenatural me capturó el corazón como si se me hubiera concedido un poder misterioso al estilo del de Sansón. De mi boca brotaban osadas confesiones capaces de ordenarles a las montanas que se movieran, y los milagros se producían realmente cuando hablaba.

Esos dones no permanecieron constantemente conmigo. El don de fe no se manifiesta en todas las situaciones. Cuando se manifestaba la voluntad del Espíritu Santo para la gloria de Dios, de lo profundo de mi corazón brotaba más fe de la que habría podido imaginar jamás en mi situación. Igual sucedía con el don de profecía. Sinceramente, nunca me había interesado la profecía. Debido a las numerosas consecuencias indeseables y la confusión provocadas por algunas profecías, estaba más bien dispuesto a reprender a quienes profetizaban. Aún hoy sigo creyendo lo mismo; sin embargo, el Espíritu de profecía, salido de la nada, comenzaba a hacerme temblar el corazón, en espera de sus palabras. Cuando llegaban las palabras de la profecía, el corazón se me llenaba de sabiduría, consuelo y orientación divinos. No necesito decirle que nunca debemos alardear de estos dones ni hacer exhibición indiscriminada de ellos.

Solo es correcto usar estos dones para que sirvan de prueba a la Palabra eterna, inmutable, infalible y perfecta de Dios; nunca para exhibir la espiritualidad de una persona.

Como ya he dicho, una vez hallado nuestro don, recibido del Espíritu Santo de Dios, debemos desarrollarlo, dejando que se manifieste con frecuencia. Al mismo tiempo que nuestro don bendice a la iglesia y al pueblo de Dios, también nos ayuda a crecer y madurar en nuestra vida cristiana.

Cuando el Espíritu Santo quiere manifestar algunos dones a través de una persona que tiene miedo a hablar en público, o que, prefiriendo agradar a otros humanos, se niega a obedecer a sus impulsos, queda entristecido y apagado. Si esto sucede con frecuencia, los dones desaparecen. Los que han aprendido qué don han recibido, no deben manifestar parcialidad con respecto a personas u organizaciones. Deben limitarse a permitir qué el Espíritu Santo se manifieste a través de ellos, para que los dones se vuelvan permanentes y aparezcan con mayor frecuencia para acarrearles bendición a la iglesia y a los creyentes.

Asimismo, los que han recibido los dones deben escudriñar con diligencia las Escrituras y estudiar las circunstancias en que fueron usados estos dones en ella. Este estudio debe ir acompañado por una poda de todo lo incorrecto que haya en su vida.

Los dones nunca pueden suplantar a la Palabra de Dios, nuestra autoridad más alta, en realidad, única, y nuestra instrucción con respecto a la vida. Siempre deben ser controlados por la Palabra de Dios y hallarse en armonía con ella. Se deben utilizar dentro de los límites fijados por la Palabra de Dios.

¿PUEDE UNA PERSONA POSEER DIVERSOS DONES AL MISMO TIEMPO?

Ni tiene que decir que Jesús fue usado en los dones del Espíritu, y a partir de las Escrituras podemos estar seguros de que los apóstoles, sobre todo Pedro y Pablo, también fueron usados en ellos. ¿Puede un creyente común y corriente como usted y yo recibir varios dones?

La Biblia nos indica: «Procurad, pues, los dones mejores» (1 Corintios 12:31). Hay quienes afirman que el amor es el mejor de los dones, pero esta comprensión no es correcta.

En 1 Corintios 13 se afirma que el amor es la mejor manera de usar los dones. El texto «Procurad, pues, los dones mejores. Más yo os muestro un camino aún más excelente» significa que la Biblia nos está mostrando *la forma* de usar esos dones. En 1 Corintios 14:12 dice además: «Así también vosotros; pues que anheláis dones espirituales, *procurad abundar en ellos para edificación de la iglesia*» (cursivas del autor).

Estos pasajes de las Escrituras nos muestran que Dios quiere usar al máximo a aquellos creyentes que han recibido el bautismo en el Espíritu Santo. Cuando Pablo dice que debemos procurar los dones mejores, quiere decir esto: Cuando anhelamos fervientemente que los dones que ya están en uso sean más usados, entonces Dios, según su santa voluntad, nos dará dones mayores y más abundantes. A partir de esto podemos llegar a la conclusión de que, con toda seguridad, los cristianos podemos llegar a ser usados en diversos dones al mismo tiempo. Los dones le pertenecen al Espíritu, y él los reparte según su voluntad.

10
LOS DONES DE REVELACIÓN

EL DON DE PALABRA DE CIENCIA

La Biblia lo llama «palabra de ciencia» (1 Corintios 12:8) en lugar de «don de ciencia», y hay una razón para que se haga esta distinción. Si nos refiriéramos a este don como el don de ciencia, estaríamos incluyendo todo el conocimiento relacionado con Dios. En cambio, el don de palabra de ciencia se refiere solo a una parte del conocimiento de Dios, que él ha decidido revelar.

La ciencia, o conocimiento, se refiere a la condición de conocer algo a través de llegar a la verdad respecto a las cosas y los asuntos. Sin embargo, hoy hay muchas personas que entienden de manera muy incorrecta este don de palabra de ciencia.

Hay algunas personas que actúan y hablan como si fueran un diccionario ambulante, porque han recibido el don de palabra de ciencia, pero en realidad su conducta misma demuestra que son muy ignorantes. Aunque hayan recibido este don, eso no significa que hayan recibido todo el conocimiento del Dios omnisciente y omnipotente.

Otros afirman haber recibido el don de palabra de ciencia, porque su gusto por los estudios los ha llevado a estudiar la Palabra de Dios con profundidad. Debido a esto, dicen, han recibido el don de palabra de ciencia.

Sin embargo, el don de palabra de ciencia, uno de los dones del Espíritu Santo, no comprende el conocimiento que se puede estudiar y aprender. Tampoco se puede investigar ni acumular. Este conocimiento, que revela la verdad escondida de las cosas y las cuestiones, y resuelve problemas en un momento y lugar determinados para la gloria de Dios y según su revelación especial, nos llega solo por inspiración del Espíritu Santo.

La manifestación de este tipo de conocimiento no quiere decir que uno posea todo el conocimiento de Dios omnisciente, ni que haya adquirido conocimiento por haber escudriñado. La palabra de ciencia es información revelada a quien posee este don, cuando hay una necesidad especial en el reino de Dios y la causa del evangelio de Cristo que debe ser descubierta o revelada a los hijos de Dios. Cuando no tendríamos forma humana alguna de conocer las circunstancias, Dios nos revela a los creyentes este conocimiento parcial por medio de su Espíritu Santo a base de revelaciones, sueños o visiones. Esto significa que el conocimiento, dado de manera sobrenatural por revelación de Dios, no se obtiene por medios ni esfuerzos humanos.

Las Escrituras nos presentan muchas circunstancias en las que operó sobrenaturalmente el don de palabra de ciencia a través de los creyentes y gracias al Espíritu Santo.

Veamos algunas de estas circunstancias.

En Josué 7, después de conquistar la ciudad fortificada de Jericó, los hijos de Israel trataron de invadir una ciudad mucho más pequeña, llamada Hai, pero sufrieron una terrible derrota.

En aquellos mementos, Josué se rasgó las vestiduras y cayó sobre su rostro. Con los ancianos de Israel ante el área del Señor, se lanzó polvo sobre la cabeza y oró. Como consecuencia, la revelación de Dios llegó a los hijos de Israel al caer la tarde. Porque una persona había robado algo en Jericó, contra el mandato directo de Dios de que no tocaran nada, se había encendido la ira divina, y él no había estado con ellos cuando atacaron Hai.

Josué recibió esta palabra de ciencia; la razón por la que los hijos de Israel habían sufrido una derrota ante sus enemigos. Más aun, por medio de la revelación del Espíritu Santo, Josué recibió la información de que el hombre que había cometido el pecado era Acán, hijo de Carmi, hijo de Zabdi, hijo de Zera, de la tribu de Judá.

El conocimiento de este tipo no se recibe debido a un esfuerzo de estudio humano, ni por información transmitida en secreto de una persona a otra. Solo es el conocimiento que el Espíritu Santo les revela a quienes han recibido este don.

En 1 Samuel 9 hay otra escena: Saúl y los que estaban con él salieron a buscar las asnas perdidas de su padre. Cuando no pudieron hallarlas, se acercaron al vidente Samuel para preguntarle. Cuando Samuel se encontró con Saúl, dijo de inmediato: «Y de las asnas que se te perdieron hace ya tres días, pierde cuidado de ellas, porque se han hallado» (1 Samuel 9:20).

Aun antes de que Samuel hablara con Saúl, ya sabía no solo que Saúl andaba buscando las asnas, sino también que ya las habían encontrado. Esta revelación le vino mediante el don de palabra de ciencia.

Este don obró grandemente en la vida de Eliseo, según vemos en 2 Reyes 6:8-12:

> Tenía el rey de Siria guerra contra Israel, y consultando con sus siervos, dijo: En tal y tal lugar estará mi campamento.

Y el varón de Dios envío a decir al rey de Israel: Mira que
no pases por tal lugar, porque los sirios van allí. Entonces el
rey de Israel envío a aquel lugar que el varón de Dios había
dicho; y así lo hizo una y otra vez con el fin de cuidarse. Y
el corazón del rey de Siria se turbó por esto; y llamando a
sus siervos, les dijo: ¿No me declararéis vosotros quién de
los nuestros es del rey de Israel? Entonces uno de los siervos
dijo: No, rey señor mío, sino que el profeta Eliseo esta en Israel, el cual declara al rey de Israel las palabras que tú hablas
en tu cámara más secreta.

Este conocimiento maravilloso no era obtenido gracias a ninguna red de
inteligencia humana, sino que Dios lo revelaba en persona a Eliseo mediante este don del Espíritu Santo.

El don de palabra de ciencia se manifestó maravillosamente también en
los creyentes del Nuevo Testamento. No hace falta siquiera mencionar el
caso de nuestro Señor Jesucristo, de manera que veamos la experiencia del
apóstol Pedro.

En Hechos 5, Ananías y su esposa Safira se pusieron de acuerdo y ven-
dieron sus posesiones. Trajeron cierta parte de las ganancias y la pusieron a
los pies de los apóstoles, como si fuera todo el precio de lo vendido. Estaban
convencidos de que nadie conocería su mentira.

Sin embargo, Pedro dijo: «Ananías, ¿por qué llenó Satanás tu corazón para que mintieses al Espíritu Santo, y sustrajeses del precio de la
heredad? Reteniéndola, ¿no se te quedaba a ti? y vendida, ¿no estaba
en tu poder? ¿Por qué pusiste esto en tu corazón? No has mentido a los
hombres, sino a Dios» (Hechos 5:3,4). Era Dios quien le había dicho a Pedro
lo que necesitaba saber en aquella situación.

Yo he tenido experiencias similares también. Una mañana de Navi-
dad, después de la reunión de oración que había durado toda la noche,
dirigí un culto temprano en la iglesia. Tenía muchas cosas que hacer, e iba a
casa para dormir un poco antes de dirigir el culto normal de las once de la
mañana.

Cuando volví a casa, tenía hambre. Estaba a punto de desayunar, cuando
de pronto me vino una indicación a la mente: debía ir inmediatamente a
la iglesia; había sucedido algo. En mi corazón, no tenía deseo alguno de
mover el cuerpo, pero como siervo del Señor, tenía que obedecer. Así que
me levanté enseguida y me fui a la iglesia.

Allí todo estaba callado. Parecía como si nada hubiera sucedido. Me encontré con un joven portero, empleado de la iglesia, que estaba barriendo la basura dejada por los creyentes que habían asistido a la reunión de
toda la noche.

No pude hallar nada que me confirmara las palabras del Espíritu Santo acerca de que algo había sucedido en la iglesia. Extendí el cuello para mirar dentro del santuario. De pronto, me vino al corazón otra indicación más: debía subir a la plataforma. Caminé hacia la plataforma, busqué en el púlpito, y encontré un gran sobre fuertemente sellado que contenía una ofrenda.

Lo tomé en la mano y miré cuidadosamente la parte sellada. Pensando en regresar a casa después de calentarme un poco, fui a la oficina, donde tenía una estufa. Con el sobre en la mano, acerqué una silla a la estufa.

De pronto, tocaron con fuerza a la puerta. Dije: «Pase», y el joven que había estado barriendo entró en la oficina. Tenía el rostro demacrado y se arrodilló en el suelo. Para gran sorpresa mía me dijo: «Pastor, hoy he llegado a saber que Dios vive de verdad. He cometido un terrible delito, pero le pido que me perdone».

Yo estaba tan estupefacto que no podía comprender lo que estaba diciendo, pero el joven portero mantuvo los ojos inclinados y siguió hablando: «Cuando estaba barriendo dentro de la iglesia, encontré ese gran sobre de dinero en la plataforma. Miré a mí alrededor, no había nadie en la iglesia en aquellos momentos, y sentí codicia».

«Tome el sobre, corrí a mi cuarto y lo abrí con una cuchilla de afeitar. Saqué algún dinero. Después de devolver el resto, lo cerré bien y lo puse de vuelta en el púlpito antes de que nadie se diera cuenta. Entonces, aunque usted se había ido a casa a dormir, apareció de pronto, mirando nerviosamente a todas partes, como quien busca algo. Mientras me decía a mí mismo que usted solo era un ser humano, y no podía saber nada de aquello, seguí barriendo el suelo».

«Me sentí incomodo, así que seguí mirando dentro de la iglesia para ver lo que usted estaba haciendo. Entonces, tal como me temía, usted subió a la plataforma, tomó el sobre del dinero, examinó la parte sellada y vino a la oficina».

«Me di cuenta de que el Espíritu Santo le había revelado todas estas cosas, y me sentí tan compungido en mi conciencia, que vine a confesarle mi pecado. Le ruego que me perdone».

Mientras escuchaba la confesión de aquel joven, me estremecía ante el pensamiento de que el Espíritu Santo, que siempre está con nosotros, también me escudriña a mí muy cuidadosamente.

Otro incidente como este le sucedió a un amigo mío hace algunos años, casi al final de la administración del Partido Democrático Coreano. El señor Bethel, misionero norteamericano bien conocido por mí, se mudó de las Filipinas a Corea para hacer obra misionera. Llegó a Corea con su familia en avión, después de enviar sus efectos personales por barco.

Cuando llegaron sus efectos, recibió una lista de consignación de la Aduana del Puerto de Pusán. Fue allí para sacarlos, pero no había manera de hallar algunas de sus posesiones más valiosas. Estaban incluidas en la lista, y todo se había embarcado al mismo tiempo, pero le dijeron que estos artículos no habían llegado a Corea.

El señor Bethel estaba muy incómodo, y siguió haciendo preguntas, hasta que al final algunos oficiales de aduanas se enfadaron y le gritaron.

Sintiéndose deprimido y maltratado, el señor Bethel oró fervorosamente allí mismo, y en una visión repentina vio el interior de un almacén con una puerta pequeña. No estaba a la vista, pero se hallaba a pocos metros a la izquierda de donde él estaba. Dentro de la puerta se hallaban escondidos sus objetos valiosos.

El señor Bethel les pidió a los oficiales de aduanas que le permitieran buscar allí, y ellos le dijeron triunfalmente: «Muy bien».

Caminó de frente, tal como lo había visto en su visión, y por supuesto, había allí un vestíbulo escondido. Al caminar por el vestíbulo, vio la pequeña puerta de la visión. Al aproximarse a la puerta, a los oficiales de aduanas se les puso roja la cara. Le dijeron que no podía entrar en aquel cuarto, pero él los echó a un lado, abrió la puerta y allí estaban todas sus cosas, escondidas, tal como Dios le había revelado.

El Espíritu Santo de Dios le dio al señor Bethel el conocimiento que necesitaba en aquellos instantes, y por medio de ese don sobrenatural llamado palabra de ciencia, pudo resolver el problema que tenía entre manos.

Un don como la palabra de ciencia nunca es del tipo de conocimiento que el hombre puede poseer por sí mismo y usarlo tan a la ligera como el agua, pero el Espíritu de Dios es su dueño, y lo manifiesta según se necesite, por medio del vaso que él escoja. Así manifiesta la gloria de Dios y resuelve el problema.

EL DON DE PALABRA DE SABIDURÍA

Aunque una persona haya estudiado mucho, y tenga grandes conocimientos, si carece de sabiduría, no podrá usar esos conocimientos.

La sabiduría es la función que nos permite usar con eficacia los conocimientos; resolver los problemas de manera que produzcamos bendiciones y victoria. Aunque alguien tenga solo un poco de conocimiento, si posee además una gran sabiduría, puede engrandecer notablemente el conocimiento que tiene. En cambio, si alguien tiene mucho conocimiento, pero le falta sabiduría, su conocimiento puede quedar sepultado de tal manera que nunca se llegue a conocer por completo.

Entonces, ¿qué es el don de palabra de sabiduría?

El don de palabra de sabiduría no tiene que ver con ninguna sabiduría humana. Los que no entienden esto hablan a veces de creyentes especialmente brillantes e inteligentes, calificándolos como personas que han recibido el don de sabiduría, pero esto es erróneo.

La palabra de sabiduría, como don del Espíritu Santo (vea 1 Corintios 12:8), la recibe solo de manera sobrenatural el creyente que, por medio de esta sabiduría, resuelve maravillosamente los problemas en circunstancias difíciles, y con ello le da gloria a Dios.

La Biblia exhorta a los que tienen falta de sabiduría, para que se la pidan a Dios. «Y si alguno de vosotros tiene falta de sabiduría, pídala a Dios, el cual da a todos abundantemente y sin reproche, y le será dada» (Santiago 1:5).

En el Antiguo Testamento hallamos escenas en las que Dios manifestó su sabiduría a través de hombres como el rey Salomón, el hijo de David. Veamos, por ejemplo, el incidente descrito en 1 Reyes 3:16-28:

> En aquel tiempo vinieron al rey dos mujeres rameras, y se presentaron delante de él. Y dijo una de ellas: ¡Ah, señor mío! Yo y esta mujer morábamos en una misma casa, y yo di a luz estando con ella en la casa. Aconteció al tercer día después de dar yo a luz, que ésta dió a luz también, y morábamos nosotras juntas; ninguno de fuera estaba en casa, sino nosotras dos en la casa. Y una noche el hijo de esta mujer murió, porque ella se acostó sobre él. Y se levantó a medianoche y tomó a mi hijo de junto a mí, estando yo tu sierva durmiendo, y lo puso a su lado, y puso al lado mío su hijo muerto. Y cuando yo me levanté de madrugada para dar el pecho a mi hijo, he aquí que estaba muerto; pero lo observé por la mañana, y vi que no era mi hijo, el que yo había dado a luz. Entonces la otra mujer dijo: No; mi hijo es el que vive, y tu hijo es el muerto. Y la otra volvió a decir: No; tu hijo es el muerto, y mi hijo es el que vive. Así hablaban delante del rey. El rey entonces dijo: Esta dice: Mi hijo es el que vive, y tu hijo es el muerto; y la otra dice: No, más el tuyo es el muerto, y mi hijo es el que vive. Y dijo el rey: Traedme una espada. Y trajeron al rey una espada. En seguida el rey dijo: Partid por medio al niño vivo, y dad la mitad a la una, y la otra mitad a la otra. Entonces la mujer de quien era el hijo vivo, habló al rey (porque sus entrañas se le conmovieron por su hijo), y dijo: ¡Ah, señor mío! dad a ésta el niño vivo, y no lo matéis. Más la otra dijo: Ni a mí ni a ti; partidlo. Entonces el rey respondió y dijo: Dad a aquella el hijo vivo, y no lo matéis;

ella es su madre. Y todo Israel oyó aquel juicio que había dado el rey; y temieron al rey, porque vieron que había en él sabiduría de Dios para juzgar.

La sabiduría tan precisa manifestada en este pasaje no era un don natural con el cual Salomón hubiera nacido. «Había en él sabiduría de Dios», es la expresión del don que Dios manifestó para cubrir la necesidad de aquel momento por el poder del Espíritu Santo que le había dado al rey.

La Biblia lo llama el don «de palabra de sabiduría», y no el don «de sabiduría», lo cual habría significado una sabiduría completa, presente en todo momento, pero la Biblia enseña que es el *don* de palabra de sabiduría. En contraste con la sabiduría total que los humanos pueden usar libremente cuando quieran, Dios manifiesta la palabra de sabiduría de acuerdo con una necesidad concreta y en un momento y lugar para su gloria y para manifestar el poder del evangelio. De esta manera nos habla también. Aunque siempre está con nosotros, no nos está hablando siempre, sino que nos habla solo en caso de necesidad.

Cuando digamos: «He recibido el don de palabra de sabiduría», debemos insistir siempre en que se trata de «palabra».

La manifestación del don de palabra de sabiduría se ve maravillosamente clara en la vida de Jesús. En Mateo 22:15-22, este es el relato. Los fariseos estaban seguros de tener una forma de enredar a Jesús. En presencia de algunos romanos, le preguntaron si le era legal a un judío darle tributo al César. Si Jesús les respondía que le debían dar tributo al César, le iban a caer encima, juzgando que era un instrumento de Roma y enemigo del pueblo judío. En cambio, si respondía que no se le debería dar tributo al César, el gobernador romano lo acusaría de traición y lo encarcelaría.

Estaban muy seguros de su trampa, pero se quedaron estupefactos ante las palabras sabias con las que les respondió.

Les dijo que le enseñaran una moneda, y señalando a la imagen grabada en ella, preguntó de quién era.

Cuando le dijeron que era del César, les respondió: «Dad, pues, a César lo que es de César, y a Dios lo que es de Dios». Les dio una respuesta con la que era imposible atraparlo. Era una palabra de sabiduría, hablada por el poder del Espíritu para resolver el tema en cuestión.

Esto sucedió de nuevo cuando los escribas y fariseos lo estaban tentando. Le llevaron una mujer sorprendida en adulterio: «Maestro, esta mujer ha sido sorprendida en el acto mismo de adulterio. Y en la ley nos mandó Moisés apedrear a tales mujeres. Tú, pues, ¿qué dices?» (Juan 8: 4,5).

Habían inventado otra trampa, con la esperanza de enredar a Jesús. Si decía que se la debía apedrear, lo acusarían de actuar contra la ley de amor que predicaba y que sus milagros manifestaban. En cambio, si se oponía al castigo que Moisés ordenaba tan claramente, lo arrastrarían hasta sus tribunales.

¿Cómo respondió Jesús? Les dijo: «El que de vosotros esté sin pecado sea el primero en arrojar la piedra contra ella» (Juan 8:7). Por endureci-dos que fueran, no pudieron evitar el sentir que aquellas agudas palabras de sabiduría les llegaban al corazón. Juan afirma: «Pero ellos, al oír esto, acusados por su conciencia, salían uno a uno, comenzando desde los más viejos hasta los postreros; y quedó solo Jesús, y la mujer que estaba en medio» (Juan 8:9).

Cuando vemos a Jesús resolviendo problemas tan difíciles uno tras otro por medio de palabras de sabiduría, nos sentimos sobrecogidos de respeto y amor.

Puesto que este mismo Señor es nuestro Salvador viviente, cualquiera que sea la dificultad a la que nos enfrentemos, debemos buscarlo a él y evitar el sentirnos descorazonados.

Dios nos ha prometido darnos palabra de sabiduría cuando seamos perseguidos por nuestra fe en el Señor Jesucristo y en el evangelio:

> Pero antes de todas estas cosas os echarán mano, y os per-seguirán, y os entregarán a las sinagogas y a las cárceles, y seréis llevados ante reyes y ante gobernadores por causa de mi nombre. Y esto os será ocasión para dar testimonio. Proponed en vuestros corazones no pensar antes cómo habéis de res-ponder en vuestra defensa; porque yo os daré palabra *y sabi-duría,* la cual no podrán resistir ni contradecir todos los que se opongan (Lucas 21:12-15, cursivas del autor).

Esta maravillosa expresión «palabra y sabiduría» significa que él nos dará el don de palabra de sabiduría cuando surja la necesidad. Nuevamen-te, la promesa no consiste en que se nos dará este tipo de sabiduría como parte de nuestra naturaleza. Sin embargo, cuando nos encontremos con una barrera infranqueable, Dios nos permitirá superar con facilidad la di-ficultad y resolver el problema, dándonos la maravillosa sabiduría de su Espíritu Santo. Las palabras de Jesús significan que solo el Espíritu posee el don, y que lo manifiesta de cuando en cuando a través de los creyentes, usados como vasos suyos.

EL DON DE DISCERNIMIENTO DE ESPÍRITUS

«A otro, discernimiento de espíritus» (1 Corintios 12:10).

Hoy día hay muchos que confunden el don de discernimiento de espí-ritus con la lectura de la mente. Con frecuencia hay personas que afirman haber recibido este don, y crean grandes perturbaciones en las iglesias, al ofrecerse para asumir el papel de detectives espirituales.

El don es exactamente lo que dice ser: el don que capacita para discernir espíritus. Diciéndolo con sencillez, en este universo hay espíritus que pertenecen a Dios y espíritus que pertenecen al diablo; además, hay circunstancias en que es el espíritu del hombre el que dice las palabras, y hay que distinguirlo del Espíritu Santo y del espíritu de Satanás. Discernimos los espíritus por la manifestación del Espíritu Santo, al juzgar si ese espíritu procede de Dios, o si es alguien hablando por el espíritu del hombre o por el de Satanás.

En 1 Juan 4:1, el Apóstol escribe sobre la importancia del discernimiento de espíritus: «Amados, no creáis a todo espíritu, sino probad los espíritus si son de Dios; porque muchos falsos profetas han salido por el mundo».

En estos últimos días, a menos que uno tenga el don de discernimiento de espíritu, se expone al peligro de ser seducido. El apóstol Pablo afirma en 1 Timoteo 4:1: «Pero el Espíritu dice claramente que en los postreros tiempos algunos apostatarán de la fe, escuchando a espíritus engañadores y a doctrinas de demonios».

A menos que seamos capaces de discernir con rapidez a quienes entran entre nosotros con espíritus de seducción y doctrinas de demonios, y oponernos a ellos, el rebaño de creyentes débiles se verá muy dañado.

Como cualquier otro don, el de discernimiento de espíritus no es algo que pueda tener cualquiera y usar libremente cuando lo desee. Este don está en manos del Espíritu Santo, y él lo manifiesta según su necesidad, y a través del vaso escogido por Dios.

A lo largo de mi ministerio, he experimentado la manifestación de este don en muchas ocasiones que se han convertido en oportunidades para enderezar el rumbo de la iglesia.

En cierta ocasión, una señora de la congregación afirmó haber recibido el maravilloso don de profecía; de hecho, sus profecías se habían hecho realidad en diversas ocasiones.

Como consecuencia, muchos creyentes débiles se dejaron llevar por sus profecías de tal modo, que dejaron a un lado la práctica de la oración personal, la lectura de las Escrituras y la vida de fe. Se guiaban por las profecías. Acudían en masa a esta mujer para escuchar los supuestos mensajes de Dios acerca de los problemas de su vida diaria, como habrían podido consultar a una adivina.

Puesto que no pude detectar de inmediato si aquello procedía de Dios o del diablo, me mantuve como espectador por un tiempo. Sin embargo, a medida que pasaba el tiempo se fue haciendo claro que el fruto producido por esta mujer no era el del Espíritu Santo. Las actitudes de sus profecías no solo eran volubles y frívolas, sino que carecían de mansedumbre, amor y paz. En lugar de esto, sus palabras eran frías, temibles y destructoras.

Cuando insinué que el espíritu de aquella mujer podría ser otro distinto al Espíritu Santo, no solo se me resistió ella y me desafió, sino que también lo hicieron muchos de sus seguidores. Comenzaron a decir que un siervo de Dios, movido por los celos, estaba tratando de hacerle daño.

Me hallaba en una extraña posición, y me sentí ligeramente confundido. ¿Y si era realmente el Espíritu Santo quien hablaba a través de aquella mujer? No quería caer en el pecado de resistir al Espíritu Santo.

Me postré ante Dios y oré para que me revelara la verdad, manifestando el don de discernimiento de espíritus. En una visión, me mostró que el espíritu que había en ella era un espíritu inmundo.

Con este discernimiento, tuve el valor necesario para disciplinarla con convicción. Como consecuencia, la iglesia fue liberada cuando se hallaba al borde mismo de la tempestad. La paz quedó restaurada.

Hoy día, en las iglesias de Corea abundan las personas ansiosas por engañar con espíritus de seducción y doctrinas de demonios a numerosos miembros ignorantes de las iglesias, llevándolos por sendas equivocadas. También aparecen los «Jesús por nombramiento propio» y los «justos» con otros títulos que levantan la voz para seducir a cuantos puedan. Ahora más que nunca, la iglesia coreana ora para que todos los creyentes del país reciban el beneficio del don de discernimiento de espíritus.

Veamos ahora cómo fue usado este don a lo largo del Antiguo Testamento y del Nuevo.

En 1 Reyes 22 se relata una escena donde aparece de manera maravillosa el don de discernimiento de espíritus. Acab, el rey de Israel, estaba hablando con Josafat, rey de Judá, a fin de preparar la guerra para tomar Ramot de Galaad, que estaba en manos de Siria.

En aquellos momentos, Josafat y Acab se hallaban sentados majestuosamente sobre sus tronos, con sus mantos reales, en la puerta de entrada de Samaria. Cuatrocientos profetas profetizaron al unísono con Sedequías hijo de Quenaana, diciendo: «Sube a Ramot de Galaad, y serás prosperado; porque Jehová la entregará en mano del rey» (v. 12). También se habían hecho cuernos de hierro y decían: «Así ha dicho Jehová: Con éstos acornearás a los sirios hasta acabarlos» (v. 11).

Josafat se sintió un poco temeroso, porque todas las profecías eran idénticas, así que le preguntó a Acab si no había en aquellas tierras algún otro profeta del Señor al que le pudieran preguntar. El rey Acab le dijo que había otro hombre, Micaías, hijo de Imla, que era profeta, aunque Acab lo detestaba, porque siempre profetizaba males contra él.

Con todo, el rey Josafat fue muy persistente, y terminaron por llamar a Micaías para preguntarle sobre los resultados de aquella campaña. Al principio, Micaías imitó a los otros profetas. Sin embargo, cuando el rey, a quien le parecía que no estaba hablando con sinceridad, lo presionó para que dijera la verdad, lanzó una profecía muy negativa: Yo vi a todo Israel esparcido por los montes, como ovejas que no tienen pastor; y Jehová dijo: «Estos no tienen señor; vuélvase cada uno a su casa en paz» (v. 17). En otras palabras, dijo que Acab moriría en la batalla. Entonces, mediante el maravilloso don de discernimiento de espíritus, Dios le mostró a Micaías las cosas ocultas que estaban sucediendo en los cielos. Micaías dijo:

> Oye, pues, palabra de Jehová: Yo vi a Jehová sentado en su trono, y todo el ejercito de los cielos estaba junto a él, a su derecha y a su izquierda. Y Jehová dijo: ¿Quién inducirá a Acab, para que suba y caiga en Ramot de Galaad? Y uno decía de una manera, y otro decía de otra. Y salió un espíritu y se puso delante de Jehová, y dijo: Yo le induciré. Y Jehová le dijo: ¿De qué manera? Él dijo: Yo saldré, y seré espíritu de mentira en boca de todos sus profetas. Y él dijo: Le inducirás, y aun lo conseguirás: ve, pues, y hazlo así. Y ahora, he aquí Jehová ha puesto espíritu de mentira en la boca de todos tus profetas, y Jehová ha decretado el mal acerca de ti (vv. 19-23).

Al revelar claramente en una visión los sucesos que tenían lugar en el cielo, Dios le permitió a Micaías, su verdadero profeta, discernir los espíritus.

Micaías llegó tranquilamente a la conclusión de que las profecías de los cuatrocientos y tantos profetas procedían de espíritus de mentira.

Dios decidió permitir que mataran a Acab, porque este había persistido en rebelársele y oponérsele. Permitió que aquellos espíritus malignos entraran en los profetas del rey para que fuera llevado a su destrucción.

Como hemos visto en este relato, los que no tienen el don de discernimiento de espíritus no pueden distinguir qué profecías son ciertas. De igual manera, no debemos creer toda profecía de manera incondicional, sino discernir si procede realmente del Espíritu Santo, o si procede de espíritus malignos.

El Nuevo Testamento también se refiere a este tema. El apóstol Pablo escribe acerca de la corrupción espiritual de los últimos tiempos:

> Inicuo cuyo advenimiento es por obra de Satanás, con gran poder y señales y prodigios mentirosos, y con todo engaño de iniquidad para los que se pierden, por cuanto no recibieron el amor de la verdad para ser salvos. Por esto Dios les envía un poder engañoso, para que crean la mentira, a fin de que sean

condenados todos los que no creyeron a la verdad, sino que se complacieron en la injusticia (2 Tesalonicenses 2:9-12).

Dios les permite a los espíritus de engaño que obren entre los que no creen las Escrituras, las Palabras de verdad eterna que proceden de él, porque estas personas insisten en deleitarse en la codicia y la injusticia. En 1 Reyes 22 hallamos claras evidencias de esto.

Todos los dones de Dios deben ser probados siempre a través del don de discernimiento de espíritus, puesto que mientras más los experimentemos, más atentos debemos estar a la posibilidad de que aparezcan espíritus de mentira y falsificación.

En el Nuevo Testamento se presentan muchas manifestaciones de discernimiento de espíritus.

Puesto que nuestro Señor Jesucristo es Dios encarnado, los dones del Espíritu Santo dados a él no se pueden comparar con exactitud a los que recibe un cristiano corriente. Después de haber dicho esto, podemos hallar evidencias de que Jesús tuvo gran interés en el discernimiento de espíritus durante sus años de ministerio.

En Mateo 16, cuando llegó a la costa de Cesarea de Filipo, les preguntó a sus discípulos: «Y vosotros, ¿quién decís que soy yo?» (v. 15).

Cuando Pedro le respondió enseguida: «Tú eres el Cristo, el Hijo del Dios viviente», Jesús le dijo: «Bienaventurado eres, Simon, hijo de Jonás, porque no te lo reveló carne ni sangre, sino mi Padre que está en los cielos» (vv. 16,17).

Podríamos pensar que la confesión de fe hecha por Pedro procedía de sus propios pensamientos y de su fe, pero Jesús le hizo discernir que aquellos pensamientos no eran suyos; era el Dios del cielo, por medio de su Espíritu Santo, quien los había revelado a su corazón.

Más tarde, les estaba explicando a sus discípulos que tendría que ir a Jerusalén y sufrir muchas cosas, incluso que lo matarían y que resucitaría al tercer día. La respuesta de Pedro a esto fue: «Señor, ten compasión de ti; en ninguna manera esto te acontezca» (v. 22). Esta vez, Jesús lo reprendió fuertemente por lo que había dicho.

Cuando lo pensamos en términos generales, nos parece que este «No digas eso» de Pedro surge de su amor y fidelidad al Señor. Sin embargo, este, por medio del don de discernimiento de espíritus, penetró el alma de Pedro y le dijo: «¡Quítate de delante de mí, Satanás!; me eres tropiezo, porque no pones la mira en las cosas de Dios, sino en las de los hombres» (v. 23).

No podemos dejar de preguntarnos por qué la exhortación de Pedro, tan fiel en apariencia, era manipulada de hecho por Satanás entre bastidores. Esto sencillamente sirve para mostrarnos una vez más lo urgentemente que necesitamos el don de discernimiento de espíritus.

Hemos descrito la campaña de Felipe en Samaria (Hechos 8). Muchos escucharon el evangelio de Cristo, recibieron la salvación y la sanidad y fueron bautizados. Finalmente, descendieron Pedro y Juan y oraron con aquellos nuevos cristianos para que recibieran el bautismo en el Espíritu Santo, pero hubo un mago llamado Simón, que trató de comprarle a Pedro este don del Espíritu Santo.

Simón había oído la predicación de Felipe, y se había bautizado en agua. En apariencia, era un creyente fiel. Sin embargo, cuando Pedro lo vio a través del don de discernimiento de espíritus, se le reveló con claridad su naturaleza real. Por eso le dijo: «Porque en hiel de amargura y en prisión de maldad veo que estás» (v. 23). De esta forma, por medio del don de discernimiento, la verdad interna de Simón quedó revelada ante los ojos de Pedro.

Una situación similar aparece en Hechos 16, cuando Pablo y Silas estaban en Filipos:

> Aconteció que mientras íbamos a la oración, nos salió al encuentro una muchacha que tenía espíritu de adivinación, la cual daba gran ganancia a sus amos, adivinando. Esta, siguiendo a Pablo y a nosotros, daba voces, diciendo: Estos hombres son siervos del Dios Altísimo, quienes os anuncian el camino de salvación. Y esto lo hacía por muchos días; más desagradando a Pablo, éste se volvió y dijo al espíritu: Te mando en el nombre de Jesucristo, que salgas de ella. Y salió en aquella misma hora (vv. 16-18).

Observe que cuando la gente corriente veía a la jovencita siguiendo a Pablo, la oía gritar: «Estos hombres son siervos del Dios Altísimo, quienes os anuncian el camino de salvación». Lo natural era que pensaran que en realidad estaba ayudando a los siervos del Señor.

Sin embargo, cuando el apóstol Pablo vio a la jovencita a través del don de discernimiento de espíritus, supo que estaba poseída por un espíritu de adivinación. Solo más tarde vino a saber Pablo que se ganaba la vida adivinando, así que podemos estar seguros de que no conocía su ocupación por medios naturales. Exteriormente, parecía ayudar a la obra del evangelio, pero Pablo fue alertado sobre la realidad de que se trataba de una trampa del diablo, así que echó fuera al espíritu de adivinación. La consecuencia fue que lo golpearon y lo echaron en la cárcel de Filipos.

Las obras del diablo están tratando continuamente de echar a perder las maravillosas bendiciones que Dios está derramando sobre la iglesia de hoy. Por medio de la manifestación del don de discernimiento de espíritus que se presenta entre nosotros, deberíamos distinguir continuamente el espíritu de verdad del espíritu de mentira para no caer en ninguna trampa. No creyendo a todo espíritu, sino probando los espíritus para saber si son de Dios (vea 1 Juan 4:1), debemos participar en el movimiento del Espíritu Santo, quien siempre alerta, hace avanzar nuestra fe.

11
LOS DONES VOCALES

Los dones manifestados oralmente son el don de lenguas, el de interpretación de lenguas y el de profecía.

EL DON DE LENGUAS

La lista de los dones de 1 Corintios 12 dice: «A otro, diversos géneros de lenguas» (v. 10).

Debemos colocar las lenguas en dos categorías distintas: la de *señales* y la de *dones*.

Las lenguas de las que hemos hablado anteriormente, en los incidentes ocurridos en el momento en que alguien es bautizado en el Espíritu Santo, son llamadas «lenguas» como señal, puesto que son una prueba externa de la plenitud interna del Espíritu Santo que se ha producido.

Para los que lean la Biblia sin ideas teológicas preconcebidas, queda claro que en todos los momentos del libro de Hechos en que se presenta el bautismo en el Espíritu, las lenguas son su señal externa.

Las lenguas mencionadas en 1 Corintios 12 y 14 son en esencia las mismas mencionadas en Hechos, pero el propósito con el que se usan es distinto. Por consiguiente, se les llama «lenguas como don».

¿Cuál es la diferencia? Cuando hablamos de las lenguas como señal, nos referimos a las que aparecen al recibir la persona el bautismo en el Espíritu Santo. A partir de este momento, la persona tiene a su disposición las lenguas para su vida de oración personal, y en muchas ocasiones las recibe también en forma de don. En muchas circunstancias, este don es al mismo tiempo señal.

Hagamos un resumen de los usos principales que tienen las lenguas en la vida del creyente y de la iglesia:

Hacen posible una profunda comunicación espiritual con Dios. «Porque el que habla en lenguas no habla a los hombres, sino a Dios; pues nadie le entiende, aunque por el Espíritu habla misterios» (1 Corintios 14:2). Cuando hablamos en lenguas, conversamos directamente con Dios, de espíritu a Espíritu. Al usar nosotros este idioma celestial, se nos abren las puertas para que podamos experimentar profundas revelaciones de Dios.

Traen progreso a nuestra vida de fe. «El que habla en lengua extraña, a sí mismo se edifica» (1 Corintios 14:4). La palabra *edifica* significa originalmente poner los ladrillos uno a uno para levantar una casa. Las lenguas se convierten en el instrumento mediante el cual es edificada nuestra propia casa espiritual.

Hablando ya del don de lenguas, cuando se une al de interpretación de lenguas, produce el mismo efecto que la profecía. «Por lo cual, el que habla en lengua extraña, pida en oración poder interpretarla» (1 Corintios 14:13). A través del don de interpretación, se comprende el mensaje en lenguas en el idioma de los oyentes, de manera que estos puedan ser edificados. A través de esta interpretación sobrenatural, pueden darse cuenta de que el Dios viviente está con ellos, y aumenta la fortaleza de su fe.

Las lenguas son una puerta a una oración y una alabanza más profundas. «¿Qué pues? Oraré con el espíritu, pero oraré también con el entendimiento; cantaré con el espíritu, pero cantaré también con el entendimiento» (1 Corintios 14:15). Hay ocasiones en que nos sentimos demasiado emocionados, o bien desconcertados sobre cómo hemos de orar. En esos momentos, orar y alabar al Señor en lenguas será ir más allá del vocabulario que hemos aprendido para tocar el trono de Dios con la descripción más exhaustiva posible de la necesidad, o con una alabanza que sentimos, pero que no nos es posible describir.

Señal para los no creyentes. «Así que, las lenguas son por señal, no a los creyentes, sino a los incrédulos; pero la profecía, no a los incrédulos, sino a los creyentes» (1 Corintios 14:22). Cuando la nueva ola de la teología gritaba «Dios ha muerto», los milagros de los dones vocales, sobre todo las lenguas recibidas del Espíritu Santo, aparecieron como juicio o reto a estos herejes.

No de balde, la persona que ha recibido el bautismo en el Espíritu Santo y habla en lenguas tiene una fe ferviente y vive en victoria. Resumiendo lo anterior, en 1 Corintios 14 se nos habla de los numerosos beneficios que nos proporcionan las lenguas. Si mantenemos el orden correcto y la virtud en el uso de las lenguas en la iglesia, estas se convertirán en un río de gracia que correrá caudaloso hacia los corazones de los creyentes cuyas experiencias con el Señor se hayan secado ya.

EL DON DE INTERPRETACIÓN DE LENGUAS

«Y a otro, interpretación de lenguas» (1 Corintios 12:10). Nadie puede comprender un mensaje dado en lenguas, mientras Dios no revele su significado por medio del don de interpretación.

La Biblia afirma: «Porque el que habla en lenguas no habla a los hombres, sino a Dios; pues nadie le entiende, aunque por el Espíritu habla misterios» (1 Corintios 14:2). Más tarde dirá Pablo: «Por lo cual, el que habla en lengua extraña, pida en oración poder interpretarla» (1 Corintios 14:13).

La interpretación de lenguas es diferente a una traducción normal. La traducción da generalmente el significado de lo que se ha dicho en otro idioma, palabra por palabra; en cambio, la interpretación aclara el significado general de lo dicho en idioma extraño. Por ejemplo, es posible que un mensaje en lenguas sea corto, y su interpretación larga. Otras veces será el mensaje de lenguas el largo, y la interpretación más corta.

Puesto que la interpretación de lenguas es un don de Dios manifestado a través del hombre, no lo debemos considerar como igual a la Biblia en autoridad.

Se necesita mucha cautela, y es necesario discernir la interpretación de lenguas. Esta depende mayormente del estado en que se hallen la fe, la vida de oración y la profundidad de comunicación espiritual entre el que interpreta y Dios. También puede ocurrir en ocasiones que los pensamientos personales del que interpreta, o las interferencias del diablo influyan sobre la interpretación.

Como todos los demás dones, el de interpretación se manifiesta a través del milagro de la inspiración del Espíritu Santo. Nadie puede interpretar los mensajes en lenguas continuamente, como lo haría si estuviera traduciendo de un lenguaje extranjero.

La interpretación solo es posible cuando Dios permite la inspiración para interpretar. He visto algunas veces gente que habla en lenguas haciendo fila para interpretar una serie de mensajes, y alardeando de que pueden interpretar todos los mensajes que se den. Esto es falso y muy peligroso.

La mejor forma como puedo comentar el proceso de la interpretación de lenguas, es hablando de mis propias experiencias.

Después de ser bautizado en el Espíritu y hablar en lenguas, según lo que enseñan las Escrituras, seguí orando fervientemente para pedir el don de interpretación.

Un día en mi cuarto de la residencia de estudiantes, después de asistir a una reunión de oración a primera hora de la mañana, comencé a orar privadamente en lenguas. De pronto, todo el cuarto pareció iluminarse. Cuando abría los ojos, el cuarto seguía oscuro, pero cuando los cerraba de nuevo, parecía como si brillara el sol. Entonces comenzó a salir de mis labios la interpretación de las lenguas.

Debido al inmenso gozo que sentía, y a mi falta de experiencia, en los días siguientes cometí muchos errores, hasta el punto de poder decir que abusé del don. Sin embargo, desde mi graduación en el instituto bíblico hasta ahora, la interpretación de lenguas se ha convertido en un incomparable tesoro dentro de mi experiencia cristiana. Como todas las demás cosas, este don ha mejorado y se ha asentado cada vez más a través de las experiencias acumuladas a lo largo del tiempo, así que ahora poseo amplio discernimiento, por el que le doy gracias a Dios.

A partir de mis experiencias personales, y también de las experiencias de conocidos líderes llenos del Espíritu, entiendo que el don de interpretación de lenguas se puede manifestar de varias formas.

En primer lugar, la persona que interpreta un mensaje dado en lenguas, a veces interpreta solo por fe, a través del mandato que recibe del Espíritu Santo en el corazón, y que es como un súbito impulso que siente en el espíritu. En estos momentos, el poderoso mandato de Dios llena el corazón, junto con la abundante gracia del Espíritu Santo. Entonces, como Abraham, que siguiendo el llamado de Dios salió de Ur de los caldeos sin saber a dónde debía ir, la persona comienza a hablar por fe, y misteriosamente, Dios le proporciona la capacidad de interpretar el mensaje.

En segundo lugar, cuando alguien da un mensaje en lenguas, hay ocasiones en que solo se revela a un corazón el sentido general de lo dicho. En este caso no se conoce el mensaje, palabra por palabra. Cuando esto sucede, la persona que recibió la interpretación por el Espíritu Santo, la explica con su propio conocimiento y sus propias palabras.

En tercer lugar, cuando alguien habla en lenguas, algunas veces solo se revela parte del mensaje en lenguas. Si se dice esa parte, entonces se revela el resto, como quien va desenrollando el hilo de un carrete. Según seguimos, se va desarrollando la interpretación.

En cuarto lugar, inmediatamente después de dado el mensaje en lenguas, su interpretación lo sigue a través de la misma persona, y fluye tan libremente como lo hizo el mensaje en lenguas. En este caso, la interpretación es dada solo a la boca; la persona no forma mentalmente las palabras. La interpretación sigue fluyendo mientras continúe la inspiración del Espíritu Santo.

Por último, hay casos en que el mensaje es dicho en una lengua extranjera, y alguno de los presentes puede traducirlo a la lengua del lugar. En este caso, la interpretación no es sobrenatural. Aunque esto sucede raras veces, hay testimonios de este tipo de experiencias.

El don de profecía

«A otro, profecía» (1 Corintios 12:10). Cuando decimos la palabra *profecía*, la entendemos literalmente como la palabra revelada de Dios, algunas veces con referencia al futuro.

A través del Antiguo Testamento y del Nuevo, Dios profetizó acerca del final de la historia, el nuevo cielo y la nueva tierra centrados alrededor del pueblo de Israel.

Todas estas profecías escritas en la Biblia forman esa parte de la Palabra de Dios que ha pasado a nosotros a través de los fieles escritos de los profetas inspirados por el Espíritu Santo.

Observemos que el apostol Pedro escribió: «Porque nunca la profecía fue traída por voluntad humana, sino que los santos hombres de Dios hablaron siendo inspirados por el Espíritu Santo» (2 Pedro 1:21).

Por su providencia especial, Dios protegió las profecías y los escritos de la Biblia de manera que fueran recogidos sin error alguno, hasta que se fijara el canon, o lista de libros oficialmente aceptados como genuinamente inspirados.

Puesto que la Biblia ya está completa, la profecía dada como don del Espíritu Santo es diferente a las profecías bíblicas. El propósito principal de las profecías dadas bajo la unción del Espíritu Santo hoy no es predecir sucesos futuros, sino edificar, exhortar y consolar a los creyentes. La Biblia lo enseña con claridad: «Pero el que profetiza habla a los hombres para edificación, exhortación y consolación» (1 Corintios 14:3).

Con respecto a este don de profecía, no quiero decir con esto que no se relacione con sucesos futuros. Lo que quiero decir es que la palabra de profecía resultante de una manifestación de este don nunca se deberá considerar como igual a la Palabra escrita de Dios, ni tampoco deberá tomar su lugar. Además, aunque la profecía sea dicha por una persona que haya recibido este don, su veracidad o falsedad deberán ser juzgadas y discernidas por otros creyentes.

Pablo confirma esto en su primera epístola a los corintios: «Asimismo, los profetas hablen dos o tres, y los demás juzguen» (1 Corintios 14:29). Repito de nuevo: la profecía manifestada hoy como don del Espíritu Santo no debe ser aceptada ciegamente, sino recibida con discernimiento.

Vemos esto con claridad en Isaías 8:20: «¡A la ley y al testimonio! Si no dijeren conforme a esto, es porque no les ha amanecido».

La profecía de hoy tiene como fin confirmar que los creyentes pueden aceptar las lecciones y palabras de las profecías bíblicas y recibir la salvación según la enseña la Biblia, para profundizar después en su fe.

El apóstol Pablo escribió acerca del uso de la profecía en la iglesia: «Pero si todos profetizan, y entra algún incrédulo o indocto, por todos es convencido, por todos es juzgado; lo oculto de su corazón se hace manifiesto; y así, postrándose sobre el rostro, adorará a Dios, declarando que verdaderamente Dios está entre vosotros» (1 Corintios 14:24,25).

Aquí se describe nuevamente el don de profecía en función del ministerio: convencer de pecado, juzgar una vida extraviada o manifestar los secretos del corazón. Como consecuencia, la fe de la persona será edificada y la iglesia, el cuerpo de Cristo, crecerá.

A causa de estas características de la profecía, Pablo la hace resaltar entre todos los demás dones y dice: «Procurad los dones espirituales, pero sobre todo que profeticéis» (1 Corintios 14:1), y también: «Así que, hermanos, procurad profetizar, y no impidáis el hablar lenguas» (1 Corintios 14:39).

La profecía es el don que los ministros y predicadores del evangelio de Jesucristo debieran anhelar especialmente hoy. Cuando se le predica la Palabra por medio de este don a una congregación, su vigorizante poder aparece, y se puede cosechar el fruto del evangelio.

Hoy día son muchos los que hacen mal uso, o incluso abuso de este don. Alejados de lo que enseñan las Escrituras, predicen de manera habitual la fortuna de otras personas, como los adivinos.

Estas personas no han recibido el verdadero don del Espíritu Santo, sino que están poseídas por espíritus de mentira y se han convertido en profetas de espíritus malignos de adivinación. Como pasa con todos los demás dones, el don de profecía es dado solo para predicar el evangelio de Cristo y para edificar la iglesia; de ninguna manera se lo puede considerar como dado para cumplir deseos personales, o como instrumento de distinción. Los que han recibido el don de profecía por la inspiración del Espíritu Santo, lo deben usar solo para la predicación del evangelio y para la salvación de las almas perdidas.

12
LOS DONES DE PODER

Hasta ahora hemos estudiado los dones de revelación (palabra de sabiduría, palabra de ciencia y discernimiento de espíritus) y los dones vocales (lenguas, interpretación de lenguas y profecía). Veamos ahora los dones de poder.

EL DON DE FE
«A otro, fe por el mismo Espíritu» (1 Corintios 12:9). La fe es el tesoro sin el cual el hombre no puede vivir. Suponga que pierde la fe solo por un instante. Dudaría de la fidelidad de sus parientes. No podría conducir su automóvil ni usar otros medios de transporte, puesto que dudaría de ellos. Al desconfiar de los servicios esenciales para nuestra vida civilizada, como los bancos o las oficinas de correos, toda su vida quedaría paralizada por completo.

Así como la persona nace con ojos, oídos, nariz y boca, también nace con fe. Algunas personas desarrollan esta fe con mayor rapidez que las demás. Con gran convicción en la vida, la mantienen creciendo sin cesar, mientras que otros se vuelven cada vez más encogidos y negativos.

Pensemos ahora en la fe y las creencias del cristiano. Hoy día oímos con frecuencia en boca de cristianos, expresiones como estas: «He perdido la fe»; «Tengo poca fe».

¿Existe realmente alguien que no tenga fe alguna? Romanos 12:3 dice que debemos pensar «con cordura, conforme a la medida de fe que Dios repartió a cada uno». Este versículo revela con claridad que Dios le ha impartido una medida de fe a cada ser humano. Si esto es cierto, entonces, ¿por qué la gente no admite haberla recibido? Dios nunca miente. Por consiguiente, aunque haya diferencias de grado en la fe, ninguno de quienes hemos aceptado a Jesucristo como Salvador está totalmente desposeído de fe. Por tanto, en obediencia a la Palabra de Dios, deberíamos decir: «Tengo fe, tal como está escrito en la Biblia. Tengo fe suficiente para ser salvo, para recibir sanidad y para que Dios me responda».

Además de esto, la fe en el Señor que hemos recibido de Dios crece cuando oímos su Palabra. En Romanos 10:17 leemos: «Así que la fe es por el oír, y el oír, por la Palabra de Dios». Cuando oímos la Palabra, meditamos en ella y la asimilamos, recibimos fe, y esa fe crece.

Algunos creyentes dirán: «¡Es que mi fe me parece tan débil!». Aunque Dios nunca ha alabado la fe débil de nadie, nunca ha dicho tampoco que una fe débil no sirve para nada. Jesús dijo en Mateo 17:20: «Porque de cierto os digo, que si tuviereis fe como un grano de mostaza, diréis a este monte: Pásate de aquí allá, y se pasará; y nada os será imposible».

Estas palabras nos enseñan que no es importante que nuestra fe sea fuerte o débil, grande o pequeña; lo que es importante es saber si está viva o muerta. Una fe tan pequeña como un grano de mostaza, capaz de vivir, obrar y creer en los milagros de Dios, producirá un gigantesco poder superior a todo lo que pueda imaginar el ser humano.

Hasta este momento hemos hablado de la fe en general, de la fe que Dios nos da según nuestra medida, y de la fe producida por la Palabra. Ahora bien, ¿cómo es el *don* de fe manifestado por el Espíritu Santo?

El don de fe dado por el Espíritu Santo tiene unas características muy distintas a todos los otros tipos de fe mencionados anteriormente. La fe dada como don es en sí misma una obra directa e inmediata del Espíritu, y esto significa que él ha depositado fe divina en el corazón del creyente. Esta fe fuerte y ferviente, superior a toda imaginación humana, se produce a fin de que Dios pueda realizar grandes milagros.

El creyente no la posee de manera permanente, sino que se manifiesta a través de él cuando surge una necesidad, según el momento y el lugar dispuestos por el Espíritu Santo.

Personalmente, he experimentado esta fe especial muchas veces. En un momento de necesidad, el Espíritu Santo derrama en mi corazón el don de fe para realizar la gloriosa obra de Dios. Cada vez que experimento este don de fe que me es impartido, con pasión sobrenatural y la mente centrada en Dios, creo firmemente que él tiene el control de todo, y la consecuencia es que se presenta la respuesta a la necesidad.

EL DON DE SANIDADES

«Y a otro, dones de sanidades por el mismo Espíritu» (1 Corintios 12:9). La fe cristiana y las sanidades son inseparables. De hecho, las sanidades son una de las partes centrales del evangelio de la gracia redentora del Señor Jesucristo.

En el Antiguo Testamento, Dios se revela como el Dios que sana. Éxodo lo presenta haciendo un pacto con los hijos de Israel:

Si oyeres atentamente la voz de Jehová tu Dios, e hicieres
lo recto delante de sus ojos, y dieres oído a sus mandamientos, y guardares todos sus estatutos, ninguna enfermedad de

las que envíe a los egipcios te enviaré a ti; porque yo soy
Jehová tu sanador (Éxodo 15:26).

David, el rey escogido por Dios para dirigir a su pueblo, lo alababa diciendo: «Él es quien perdona todas tus iniquidades, el que sana todas tus
dolencias» (Salmo 103:3).

Ciertamente, el ministerio público de Jesús se distinguió por las sanidades.
Cerca de las dos terceras partes de ese ministerio la llenaron las obras de
sanidad.

Isaías, quien profetizó alrededor del año 700 a.C., describió la redención
que realizaría Jesús. En Isaías 53, explicó en detalle la obra redentora de
Jesucristo, e insistió en que las enfermedades y dolencias quedarían incluidas
en esa obra redentora: «Ciertamente llevó el nuestras enfermedades, y sufrió
nuestros dolores» (v. 4); «Y por su llaga fuimos nosotros curados» (v. 5); «Con
todo eso, Jehová quiso quebrantarlo, sujetándole a padecimiento» (v. 10).

Las verdades incluidas en esas profecías fueron comprobadas todas mediante los testimonios de los discípulos de Jesús. Mateo, después de relatar
las maravillosas obras de sanidad realizadas por Jesús, reconoce que esto
era de hecho el cumplimiento de Isaías 53:4: «Y sanó a todos los enfermos;
para que se cumpliese lo dicho por el profeta Isaías, cuando dijo: Él mismo
tomó nuestras enfermedades, y llevó nuestras dolencias» (Mateo 8:16,17).

Pedro, al hablar de la redención realizada por Jesús, no dejó de incluir
el hecho de que la sanidad que recibimos de él forma parte de esa redención de la humanidad por la que él sufrió: «Por cuya herida fuisteis sanados» (1 Pedro 2:24).

Finalmente, el último y mayor mandato de Jesús, dado inmediatamente
antes de ascender al cielo, habla de echar fuera demonios y de sanar (vea
Marcos 16:15-18). Aquí dice claramente que la sanidad es inseparable de
la predicación del evangelio.

EL DON DE HACER MILAGROS

«A otro, el hacer milagros» (1 Corintios 12:10). La palabra *milagros* se
refiere a sucesos notables o sorprendentes que tienen lugar por intervención directa de Dios, sin que sigan las leyes de la naturaleza generalmente
conocidas. Un milagro es una suspensión temporal de las leyes corrientes
en la naturaleza por la intervención de un poder sobrenatural y divino. La
Biblia contiene un gran número de relatos relacionados con milagros.

En casi todos los libros del Antiguo Testamento se habla de algún
milagro. Examinemos algunos de estos relatos.

El ejemplo más famoso es el milagro que Dios realizó en la vida de
Abraham y Sara. Cuando Abraham tenía ya cerca de cien años y Sara había
pasado hacía mucho tiempo la edad en que habría podido concebir, Dios

les dio milagrosamente un hijo, Isaac, quien se convirtió en el antepasado de la nación judía.

Este milagro fue tan maravilloso, que el Nuevo Testamento lo describe de esta forma:

> El creyó en esperanza contra esperanza, para llegar a ser padre de muchas gentes, conforme a lo que se le había dicho: Así será tu descendencia. Y no se debilitó en la fe al considerar su cuerpo, que estaba ya como muerto (siendo de casi cien años), o la esterilidad de la matriz de Sara. Tampoco dudó, por incredulidad, de la promesa de Dios, sino que se fortaleció en fe, dando gloria a Dios, plenamente convencido de que era también poderoso para hacer todo lo que había prometido; por lo cual también su fe le fue contada por justicia (Romanos 4:18-22).

Esta fe que obra milagros no le fue dada solamente a Abraham, sino también a Sara:

> Por la fe también la misma Sara, siendo estéril, recibió fuerza para concebir; y dio a luz aun fuera del tiempo de la edad, porque creyó que era fiel quien lo había prometido. Por lo cual también, de uno, y ése ya casi muerto, salieron como las estrellas del cielo en multitud, y como la arena innumerable que está a la orilla del mar (Hebreos 11:11,12).

Que suceda algo así no tiene nada de corriente. Este es el milagro que, gracias a una intervención especial de Dios, produjo una concepción de todo punto imposible, según las leyes naturales.

Otro milagro tuvo lugar cuando Moisés y los hijos de Israel llegaron a la orilla del Mar Rojo. Estaban bloqueados por el mar al frente y un gran ejército de soldados egipcios a la espalda. Cuando Moisés oró, Dios le respondió. Con la vara en su mano derecha, Moisés le ordenó al agua del Mar Rojo que se dividiera, y los hijos de Israel caminaron por su lecho como si fuera terreno seco.

Algunos antagonistas sostienen que esto no tuvo nada de milagroso. Afirman que cuando Moisés llego al Mar Rojo, la marea se retiró, así que él, «por suerte», lo pudo atravesar.

Sin embargo, estas personas se olvidan del hecho de que los egipcios que perseguían a Israel se ahogaron todos en el agua. Si había estado lo suficientemente baja para que los hijos de Israel entraran y pasaran a la otra orilla, ¿por qué murió todo el ejército egipcio con sus caballos?

Según las leyes de la naturaleza, el mar no se podía dividir para que la gente pasara sobre suelo seco. Un fenómeno de este tipo solo puede tener lugar cuando el poder de Dios se manifiesta a sí mismo sobre las leyes de la naturaleza: esto es un milagro.

Otras manifestaciones maravillosas del don de obrar milagros tuvieron lugar en la vida de Josué. En cierta ocasión, dirigía a los hijos de Israel en una feroz batalla contra los amorreos. Para poder ganar, los israelitas necesitaban tiempo, pero el sol comenzó a ponerse. De pronto, Josué levantó la voz, miró al sol y gritó: «Sol, detente en Gabaón; y tú, luna, en el valle de Ajalón» (Josué 10:12). El don de obrar milagros actuó en aquel mismo instante por medio de Josué.

Desde el punto de vista humano, era un grito ridículo. Sin embargo, la Biblia relata los resultados: «Y el sol se detuvo y la luna se paró, hasta que la gente se hubo vengado de sus enemigos. ¿No está escrito esto en el libro de Jaser? Y el sol se paró en medio del cielo, y no se apresuró a ponerse casi un día entero» (Josué 10:13).

Una vez más, Dios había suspendido de manera temporal la actuación de las leyes naturales para manifestar su providencia divina.

El Nuevo Testamento recoge también numerosos casos en que se manifestó el don de obrar milagros.

Las sanidades que recibimos cuando acudimos al Señor caen dentro de dos categorías posibles: algunas nos vienen por el don de sanidades, y otras por el don de obrar milagros.

Cuando el que funciona es el don de obrar milagros, la enfermedad desaparece en un instante, y la persona comienza enseguida a recuperar la salud. Cuando obra el don de sanidad, la causa de la enfermedad va desapareciendo lentamente y el efecto del tratamiento comienza a obrar, hasta que la persona se recupera.

Conclusión

Cuando comienza a tomar el control de la situación la gran obra del Espíritu Santo, es frecuente que las iglesias tradicionales persigan a esa obra. Con todo, los cristianos deben mantenerse firmes contra las doctrinas falsas y las herejías que se levanten contra la obra del Espíritu Santo, o traten de imitarla. Para que el Espíritu Santo se sienta en libertad de manifestarse más, es necesario que nosotros mantengamos una fe fuerte y saludable, basada en la Palabra de Dios. A su vez, para que nuestra fe sea así, es indispensable que tengamos una comprensión básica de la doctrina relacionada con el Espíritu Santo.

Por esta razón se escribió este libro: para iluminar, enseñar y dar ánimos a los creyentes, mientras preparan su corazón en oración para el mover más grande del Espíritu Santo, ¡que aún está por venir!

NOTAS

NOTAS

NOTAS

NOTAS

NOTAS

Nos agradaría recibir noticias suyas.
Por favor, envíe sus comentarios sobre este libro
a la dirección que aparece a continuación.
Muchas gracias.

Vida@zondervan.com
www.editorialvida.com